李学勤

罗哲文 俞伟超 曾宪通 彭卿云

帝国落幕中的文明

中华文明是人类历史上最伟大的文明之一，是人类文明发展的主要构成。中华文明丰富、深刻、辉煌、博大，在人类文明中的骨干作用和领导作用人所共知。在人类文明的发源时期，中华文明就是四大古文明之一，是地球上文化的策源地之一。

李　默／主编

廣東旅游出版社
GUANGDONG TRAVEL & TOURISM PRESS
悦读书·悦旅行·悦享人生

中国·广州

图书在版编目（CIP）数据

帝国落幕中的文明 / 李默主编 . — 广州 : 广东旅
游出版社 , 2013.1（2024.8 重印）
　ISBN 978-7-80766-443-7

　Ⅰ . ①帝… Ⅱ . ①李… Ⅲ . ①中国历史—晚明—通俗
读物 Ⅳ . ① K248.309

中国版本图书馆 CIP 数据核字 (2012) 第 276467 号

出 版 人：刘志松
总 策 划：李　默
责任编辑：张晶晶　梁诗淇
装帧设计：腾飞文化　盛世书香工作室
责任校对：李瑞苑
责任技编：冼志良

帝国落幕中的文明
DI GUO LUO MU ZHONG DE WEN MING

广东旅游出版社出版发行
（广东省广州市荔湾区沙面北街 71 号首、二层）
邮编：510130
电话：020-87347732（总编室）020-87348887（销售热线）
投稿邮箱：2026542779@qq.com
印刷：三河市嵩川印刷有限公司
　　　（河北省廊坊市三河市杨庄镇肖庄子村）
开本：650×920mm　16 开
字数：105 千字
印张：10
版次：2013 年 1 月第 1 版
印次：2024 年 8 月第 3 次印刷
定价：45.80 元

出版者识

　　《话说中华文明》是一部全景式图文并茂记录中国文明历史的大书。出版者穷数年之力，会集各方力量——专家、学者、编辑、学术顾问们，在浩如烟海的历史档案、资料、著作中，探珍问宝，追寻中华文明在悠悠历史长河中的灿烂之光。此书的出版，凝聚了编撰者的心血，学术顾问们的智慧。尤其是李学勤先生，亲自动笔写下了序言，更增加了本书沉甸甸的分量。

　　中华文明的历史充满了辉煌与苦难，成就和挫折。它的历史无处不在，决定着我们中国人今天的思想和感情。当今的中国和中国人是中华文明的历史造就的，是中华文明的历史的延伸，也是它的一个组成部分，中华文明的历史之河奔流到现在。

　　中华文明是人类历史上最伟大的文明之一，是人类文明发展的主要构成。中华文明丰富、深刻、辉煌、博大，在人类文明中的骨干作用和领导作用人所共知。在人类文明的发源时期，中国就是四大古国之一，是地球上文化的策源地之一。在人类文明的早期，中华文明成为文明在东方的支柱，公元前后200年间，人类的汉帝国与罗马帝国这两只铁手攫住了地球。在欧洲进入中世纪的时候，中华文明更成为人类文明最主要的领导，它的文明统治东亚，传遍世界。进入近代，中华文明处于自身的重压和西方的欺凌下，但中国人民的斗争史和奋起精神是人类文明历史中不可缺少的一页。

　　五千年的中华文明为人类贡献出了从思想家孔子到科学技术的四大发明、从唐诗宋词到长城运河的伟大创造，贡献出了从诸子百家到宋明理学，从商周铜器到明清文学的深刻内涵，也贡献出了从五霸七强到三国纷争、从文景之治到十大武功的辉煌历史。中华文明的历史绚烂多彩，在人类文明的历史长河中永放光芒。

　　中华文明也是人类历史上最独特的文明，没有哪一个文明像中华文明这样持久，这样统一一致。世界上其他文明不但互相交错，其创造者也都与高加索体质的人种有关，它们是姐妹文明。在人类历史中，只有中华文明才是独特的，它的创造者是中国土地上的中国人民，与其他任何地方的人民都没有关系，它的文化是统一一致的文化，可以不依赖于其他任何文明而生存，但中华文明也绝不是封闭的，它接受他人的文化，也承担自己对于人类的责任。

　　人类进入新世纪，中国的社会经济发展令世人瞩目。人们对于世界未来的政治和经济结构的估计无不以东亚和太平洋为中心，而尤以中国为重点。

　　经济起飞只是当代中国的一个方面，中国的精神文明的建设尤为刻不容缓。如果中国要自觉地发展中华文明，要有意识地使中国的发展具有世界意义，就必须发展强有力的精神文化，这样才能使中华文明的发展进入一个新的阶段，才能形成中国和中华文明的全面现代化。

而中国的精神文化的发展植根于中华文明的伟大传统之中。进入近代之后，在西方文化的冲击下，对于中国文化的价值产生大量的情绪化和激烈冲突的论调。"五四"运动打倒孔家店的口号具有冲破封建束缚的时代意义，对中国文化的发展有不容否认的正面意义，与文化虚无主义是完全不同的。文化虚无主义者否定中国传统文化，在现代化的旗帜下主张全盘西化；而复古主义则沉迷于中国文化的古董，走进反进步、反科学的泥潭。

历史的发展则超越了所有这些论点，产生这些论调的一百多年来的中国近代史已经结束。历史要求中国发展，要求中国走在全世界发展的前列。西化论和复古论都已过时，历史已经要求世界超越西方，中国可以承担起世界的命运，而中国的现实和世界的历史都说明，中国的使命在于它的发展前进，而非倒退。

中华文明走出迷惘的时代，我们这一代处在一个伟大而具有挑战的历史阶段。

总结历史、展望未来，这就是《话说中华文明》的意义和使命。我们创作《话说中华文明》，力求总结和回顾中华文明的全貌，在内容和形式上都开创一个新的局面。在内容结构上，既具有一定的深度，又具有相当的广博性，既有严谨、准确的学术价值，又有活泼、流畅的可读性。我们在本丛书内容纳了中华文明的各个方面，使它综合了大规模学术著作的系统性、严密性和普及读物的全面性、简易性，它既可作为大型工具书检索中华文明的各个成分，又可作为通俗的读物进行浏览。

我们从上世纪90年代初起就开始思考中华文明的历史和现实问题，并逐渐形成了编著《话说中华文明》的设想。在开展这项庞大的文化工程之始，我们就聘请了国内权威学者李学勤、罗哲文、俞伟超、曾宪通、彭卿云诸先生担任学术顾问，他们对计划作了充分讨论，并审阅了大量初稿。我们聘请了广州、香港地区的社会科学学者、大学教师、研究生以及我社编辑人员几十人担任稿件的撰写工作。

通过创作这部书，我们深深地感受到了中华文明的博大精深，也感受到了它的内在缺陷。中华文明具有辉煌的时期，也有苦难的年代，有它灿烂的成就，也有其不足的方面。中华文明在自身中能够吸取充分的经验和教训，就能够使自身健康壮大，成长发展。

通过创作这部书，我们也深深感受到了出版事业的使命和重任。我们希望这部书能受到广大读者的喜爱，起到它所应当起的作用。为中华文明的反省、前进和奋起作一点贡献。

目 录

帝国落幕中的文明

帝国落幕中的文明

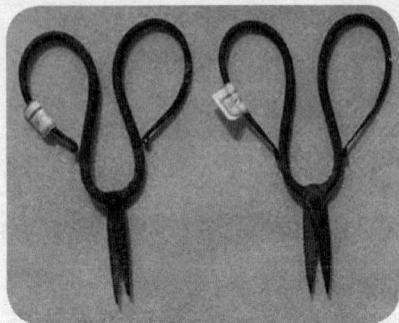

明朝

明朝

1602A.D. 明万历三十年

二月，神宗暴病，谕辅臣沈一贯撤矿税诸太监，停江织造、江西烧造，及病愈而悔，命追回前诏。思想家李贽自杀狱中。

1603A.D. 明万历三十一年

十一月，"妖书"事起，下"妖人"皦生光于狱，明年四月磔之。

1605A.D. 明万历三十三年

自万历二十五年以来，诸太监进矿银几三百万两，金、珠、宝玩、貂皮，名马不计其数，至是命税务归有司，岁以所入之半输内府，然太监并未撤回，其虐如故。

1606A.D. 明万历三十四年

三月，云南税使太监杨荣肆为残虐，前后杖毙数千人，番汉居民屡起焚税厂，杀委官。

1609A.D. 明万历三十七年

二月，吏、礼二部侍郎、署尚书相继死，于是二部长贰遂无一人。

除州人起事，杀如皋知县。是岁，努尔哈赤请于明，令朝鲜归其境内女真人。

1610A.D. 明万历三十八年

十一月壬寅朔，日食，钦天监所推分秒圆亏不确，礼官因请召通历法者与监官改正历法，于是李之藻等参用利玛窦，庞迪峨、熊三拔传西洋历法据以修历，西法入中国自此始。

自嘉靖、隆庆以来，廷臣交攻，渐成朋党。时顾宪成讲学东林书院，偶评时政，忌者遂名为东林党。其在朝者又有宣党，昆党，台谏中分齐，楚、浙三党，多排东林。

1602A.D.

荷兰经营南洋群岛贸易之公司，自1597午后纷纷成立，至是三级会议令设一总公司，称"荷兰东印度公司"，作为在东方侵略之总部。

1603A.D.

以德川家康为征夷大将军，是为江户幕府之始。

1605A.D.

约在此时（一说在1608年）荷兰始有人制望远镜。莎士比亚作《李尔王》书。培根作《学问的进展》。

1607A.D.

英人在今美国佛金尼亚省东部近海处建詹姆斯镇。此为英人在北美洲所保有之第一个永久性居留地。

利玛窦定居北京

万历二十九年（1601），意大利传教士利玛窦二次进京，向明神宗朱翊钧献自鸣钟、八音琴、三棱镜、天主像、圣母像、《万国图志》等贡物。万历皇帝接见了他，并允许他长驻北京传教，在朝廷任职，赐他俸禄。利玛窦感到无尚荣幸，自此定居北京。10年后去世。神宗下诏以陪臣礼葬于北京阜成门外。

利玛窦（1550～1610），字西泰，出生于意大利安可纳洲马切拉塔城。1571年他21岁时，加入耶稣会。1577年从意大利航海东行来到澳门学习中国汉语文字。万历九年（1581）开始在中国传教，在内地建立第一个传教会所。同时也开始了他向中国传播西方近代自然科学的生涯。

徐光启（右）和利玛窦论"道"

为了在中国顺利传教，他苦学汉语，改随中国习俗，被称为"四儒"。后来，为便于同明朝官员和士绅交往，改穿儒服，蓄须留发，起中国名字为利玛窦。在他之后的传教士，也仿效他，来中国后起中国名字，形成一种固定的习惯。

他先后在广东肇庆、韶州、梅岭及南昌等地传教。其间，他绘制《山海舆地图》（后以《坤舆万国全图》等名多次刊行），仿制地球仪、日晷等，为时人所重。在学习"四书章句"后，自行意译成拉丁文，并加注解，成为《四书》最早的外文译本，在译本的序文中他称颂儒家的伦理观念，把"四书"与罗马哲学家塞涅卡的名著相提并论。他完成了第一部中文宗教论著《天学实义》（后易名《天主实义》）初稿。

1597年，他被命为耶稣会中国传教会会长。次年，筹措贡物，以协助修正历法为由，随进京复职的礼部尚书王忠铭北上进京。后未被获准在京居留，

遂即南返。至第二次进京前，居于南京，结识李贽、徐光启等，声名益盛。

定居北京后，他结交了许多官员贵族、学者名流，如李之藻、冯应京、沈一贯、杨廷筑、叶向高、曹予汴等，向他们介绍西方的地理、数学、天文等科学知识，由利玛窦口述、徐光启翻译出版了数学著作《几何原本》前6卷、《测量法义》等；李之藻从利玛窦问学，撰《浑盖通宪图说》、《圜容较义》、《同文算指》等。

他在《天学实义》中援引儒家经典来论证基督教教义，称"我太费心思，从那儒教先师孔子身上觅取我们的见解；我援引书中有意义不明的章句，作有利于我们意见的解释"；"如

今北京社会科学院内的利玛窦墓碑

果我们毅然对（儒、道、佛）三教同时进攻，那么我们就没有回旋的余地了……"他容忍尊孔祭祖等中国的社会习俗，费尽心思对华传教，却遭到西方和在华传教士的许多争议。但他却在传教过程中，钻研中国典籍，研究中国的政治、宗教、风俗，既把西方先进的科学知识传到中国来，又把中国的文化介绍给欧洲，成为明代中西文化的沟通者，并逐渐引起"西学东渐"之潮。

利玛窦融汇二教

利玛窦在传教过程中，为使天主教迅速在华传播，以一种职业宗教家的敏感，迅速找到了为取得民众好感而乐于接受的汉民族在儒家"敬鬼神而远之"宗教观的熏陶下形成的一种特殊的宗教心理。他看到，中国人更喜欢为一般民众应用的宗教，把中国古时的几位哲学家言及道德与良好政治的训言当教义。由于中

利玛窦像

国儒学的地位根深蒂固，利玛窦就采取"排佛补儒"的战略来取悦于儒生，研习儒家经典，把儒家经典同天主教义的相似之处归纳在一起，写出《天主实义》等著作，有选择地介绍天主教的知识，调合儒学与天主教的教义，把儒学的创始人孔子的《诗》、《书》、《礼》、《易》等典籍中某些语焉不详的字句，通过阐释为天主教所用，极力用儒家经典中的文字来阐发基督教教义，抹煞两者差异。如儒家最重孝道，利玛窦则附会宣扬孝道要尽三方面义务，即向至高无上的天父——上帝尽孝；向一国之父——君主尽孝；及向生身之父尽孝。把儒家的"仁"同天主教的"爱"等同，把儒家的"重义轻利"同天主教蔑弃现世物质利益，追求永恒天国等同。他又对儒家及其他宗法性传统宗教中祭天、祭祖等活动采取宽容态度，允许信天主教的中国人在家保留祖宗牌位，在官场参加祭孔等。

　　利玛窦在传教中把儒学同天主教融合在一起，在很大程度上迎合了中国士大夫的心理，迎合了下层人民群众的心理，因此受到普遍欢迎，为他大规模传教铺平了道路。

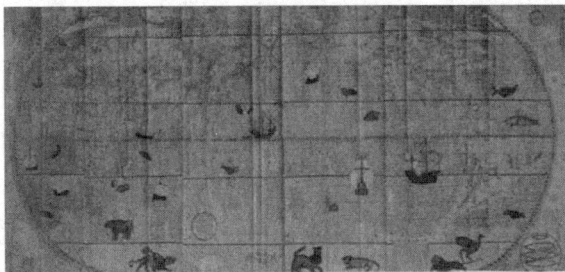

西方地图法传入

　　万历二十九年（1601），意大利传教士利玛窦第二次来到北京，向皇帝呈献礼物，其中有《万国图志》一册，引起万历皇帝的极大兴趣，从而使西方地图法传入中国。

　　利玛窦在中国居留共

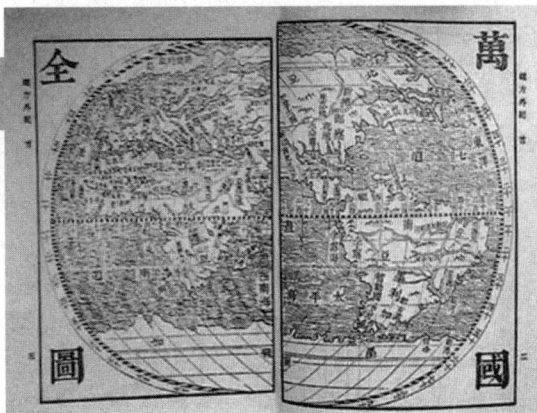

利玛窦于明万历三十年（1602）绘制的《坤舆万国全图》

28 年，所编绘的地图有《山海舆地全图》、《世界图记》、《山海舆地图》、《舆地山海全图》、《舆地全图》、《万国图志》、《坤舆万国全图》、《两仪玄览图》等多种。

自从利玛窦的各种世界地图编绘问世以后，引起朝野人士的重视。利玛窦带来了一系列有关地图和地学的西方近代科学方法，包括采用有等积投影和方位等距地投影的地图投影方法，它第一次打破了中国人"天圆地方"的传统旧观念，使中国学者认识到中国只是地球的一小部分。另外，在利玛窦的地图上已经以北极圈、昼长圈（即北回归线）、昼短圈（即南回归线）、南极圈等为界，划分为热、温、寒五带；再有就是图上的海陆分布，已大体反映了其基本轮廓；世界地图上附有的日、月蚀图，看北极法（即测定地理纬度法）、太阳每日赤纬表、中气图以及地球的概念等等，对于当时的中国知识界来说，都是十分新鲜、闻所未闻的事物，大大开拓了人们的眼界，从而使中国一二千年流传下来的地图学受到了强烈的冲击，并随之开始改革。

当然，中国当时的地图学知识也给了利玛窦很大帮助，在他当初带到中国来的世界地图上中国的轮廓是极含混不清的，不可能有中国详细的行政区划和山川形势。后来利玛窦在中国编绘世界地图时，由于参考了许多中国地图，从而使世界地图的内容得以充实和改进。徐光启等人跟从利玛窦学习并积极介绍近代西方先进科学知识，客观上对中国的思想启蒙起到了推动作用。并促进了中国近代科学包括地理学和地图学的发展。

努尔哈赤建八旗

爱新觉罗·努尔哈赤的势力不断扩大，每"牛录"由创设之初的 10 人扩大为 300 人，至万历二十九年（1601），努尔哈赤开始创设八旗制度。

八旗制由牛录制扩充而来。一牛录为 300 人，首领称"牛录额真"（汉译"佐领"）；五牛录为一甲喇，首领称"甲喇额真"（汉译"参领"）；五甲喇为一固山，

八旗中的正黄旗甲衣

首领称"固山额真"（汉泽"都统"）。每一固山有特定颜色之旗帜，当时满州军共有4固山，分红、黄、蓝、白4种颜色之旗帜。万历四十三年（1615），满州军建制扩大，又增设镶黄、镶白、镶红、镶蓝4固山，共有8固山，6万人。"固山"即满语"旗"之意，故8固山之建立，亦称"八旗制度"。

努尔哈赤将全体女真人都编入八旗之中，实行一种军政合一的制度。每一旗的固山额真皆有王贝勒担任，称为"旗主"，一般百姓则称"旗下"。旗民出则为兵，入则为民；有事征调，无事耕猎。在行军时，逢地广则八旗分八路并行，逢地狭则合为1路。征战时，长矛大刀为先锋，善射者从后冲击，精兵相机接应。八旗兵剽悍善战，又纪律严明，此后200年间，一直无敌于天下。

在八旗制度下，旗主对旗下进行封建统治剥削。努尔哈赤则高居八旗主之上，自为八旗部首领。

册立太子·国本之争结束

国本之争，即立皇长子常洛，还是立郑贵妃之子常洵，一直是神宗朝间，皇帝与廷臣的一大心病。至万历二十九年（1601）十月十五日，神宗终于封20岁的皇长子常洛为皇太子、常洵封为福王、常浩为瑞王、常润为惠王、常瀛为桂王。同月二十八日，皇太子加冠，福、瑞诸王也都加冠。立储之争，才告一段落。

皇长子常洛系由宫人所生，常洛5岁时，神宗所宠的郑贵妃生下皇三子常洵，廷臣担心有废长立幼之事，所以，常洵出世当年，大学士申时行等就请册立东宫，早建储位。神宗欲立郑贵妃所生之子，所以对立储之事一再拖延，廷臣中凡请早立东宫者，往往遭贬佚、调外或是夺俸。

但廷臣坚持立长，态度坚决，经阁臣沈一贯等人一疏再疏，神宗权衡得失，终于决定册立长子，并颁诏告天下。国本之争，持续16年之久，自明一代受封太子者，从未有如此艰难。

各地民变兵变再起

在税使苛扰之下，各地民变此起彼伏，并进一步引发了兵变。

万历二十九年（1601）三月，武昌民众得知朝廷缇骑抵达武昌，要逮捕正直执言的湖广分巡佥事冯应京，相率痛哭，为冯应京呼冤号屈，而湖广税监陈奉则派人四处公布冯应京的"罪状"，触发民愤。武昌民众再度暴动，殴伤缇骑，将陈奉党羽16人投入长江。四月，陈奉逃回京，助纣为虐的巡抚支哥大，后又被朝廷革职。

同年六月，太监孙隆对苏州机尸横征暴敛，导致机户关厂停产，织工失业。在织工葛成（葛贤）带领下，织工们将孙隆的随员、税官六七人投入河中，并

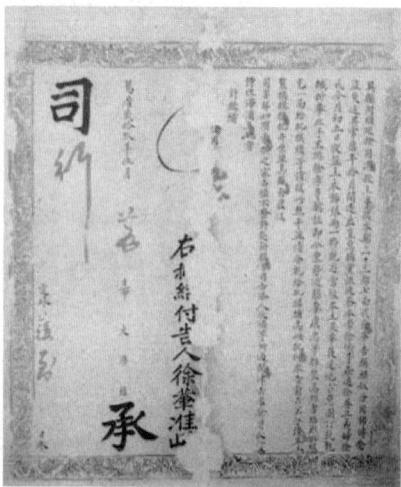

万历二十九年（1601）巡检司缉捕逃奴令状

放火焚烧税棍汤莘等人的住宅，包围税监衙门，要求停止征税。事后，明神宗下令逮捕参加暴动者，葛成挺身而出，投案自首，至万历四十一年才获释出狱。

万历三十年，神宗暴病，于是撤去矿监、税监，病愈后又悔，因此税使肆虐如故。三月，云南腾越（今腾冲）人民不胜税监杨荣之虐，愤而烧厂房，杀官吏；广东李凤、广西梁永以矿税害民，亦激起民变。但朝廷以边饷缺乏为由，反而下令严催欠赋。

同年九月，景德镇万余名瓷工起义，反对税监潘相，击毙其爪牙陆太守；次年黄河决口，江北人民因水灾肆虐，无以为生，纷纷起义。徐州有赵古元起义，亳州李大荣起义，河南睢州则有杨思敬起义。此后，天灾人祸，年年不断，各地民变日生。

尽管如此，神宗仍然极力袒护税使。万历三十六年（1608），太监高淮采矿征税辽东，所任官吏激起民变，高淮反而诬陷诸生数十人下狱，妄罢总兵官马林之职。他又擅杀指挥张汝立，搜刮士民，获金数十万，招纳亡命降人，甚至将兵私离住地，潜入京师，言官纷纷弹劾，神宗均不理会。于是高淮又上疏自称镇守，协同官防。兵部斥其妄为，神宗反而袒护高淮，说："朕固命之矣。"高淮自恃无恐，更进一步招募死士，时时出塞射猎，发黄票龙旗，往朝鲜勒索冠珠、貂马，与边将争功，山海关内外，皆受其害。同年四月，因扣发军士月粮，前屯卫军事哗变，誓食高淮之肉。六月，高淮向锦州军户索贿，导致锦州、松山军复变。高淮仓惶逃入关内，反诬告同知王邦才等人杀钦差，劫夺御用钱粮，边民更加愤怒，再次激起民变，蓟辽总督蹇达也再次上疏暴其罪行，神宗不得以召还高淮，命通湾税监张晔兼领共事。

李贽遭迫害致死

万历三十年（1602）闰二月，礼科给事中张问达上疏弹劾李贽，说其书"流毒海内，惑乱人心"，李贽被逮入狱，不久被迫自尽而死，其著作亦被烧禁。

李贽像

李贽（1527～1602），字卓吾，号温陵居士，福建晋江人。嘉靖三十年（1552）举人，万历中官至姚安知府，不久弃官，专事讲学著述。

李贽的学说受王守仁等人及禅宗的影响，公开以"异端"自居。他反对以孔子的是非观作为判断是非的标准，对朱熹的理学更是鄙薄。他说鄙儒无识，俗儒无实，迂儒未死而臭，名儒死节殉名，对封建地主阶级的理学家进行了猛烈抨击。

李贽又反对封建伦理道德，鼓吹个性解放和男女平等，主张妇女入学，寡妇再嫁。李贽学问渊博，著有《焚书》、《藏书》、《续焚书》、《续

北京通县李贽墓

藏书》等书。当时天下人人争读，朝廷则视为洪水猛兽。

李贽被捕入狱，毫无畏惧，仍读书作诗如故。当听说要把他押回福建老家时，他说："我年七十有六，死即死，何以要归家？"遂在剃发时，夺刀自刎，一代思想家，就此惨死狱间。

开东运河

万历三十二年（1604）正月，总理河道工部右侍郎李化龙疏言，请开泇河，以通运道。

李化龙认为，新的运河通道有六大好处：一是从此运不借河；二是路程缩短；三是运河不借黄河，使治河工作便于进行；四是开泇河的工程费比较节省；五是利用春荒开工，夏秋麦熟时可完工，穷民得以救济；六是从此漕运不经黄河，不必再担心春天水涨无法行船。

李化龙征集民工开泇河，自夏镇（今山东微山）李家口引运河东南合彭河、永河至泇口会泇河。四月，工成。自此运河改由泇河经微山湖东，西北直达济宁，避开旧道从直河口溯黄河而上至徐州300余里之风险，时称"东运河"。八月，黄河又在丰沛两县决口，为害如故。东运河的开通，只在一定程度上方便了漕运。

湖广巡抚赵可怀被刺

武昌楚王府宗人以湖广巡抚赵可怀治狱不公，万历三十二年（1604）闰九月，群起持刀入抚署，击杀赵可怀。

当初，楚王华奎向大学士沈一贯行贿，为宗人华越所劾。朝廷反判华越以诬告罪，其余宗人多有不服，皆说华奎行贿，昭昭有据，遂至京城上告，神宗驳回，并将他们罚禄削爵。

同年，楚王府诸宗人发现楚王再度行贿，于是渡江劫夺，赵可怀下令有司捕治宗人。宗人认为赵可怀庇护华奎，遂集数百人，持刀夜入巡抚衙门，

当场杀死赵可怀。案发后，神宗大捕诸宗人，下狱者 70 余人，成为轰动远近的大案。

次年四月，追赠赵可怀为太子太保，荫中书舍人。楚王府下狱诸宗人，为首者斩，其余或赐自尽，或囚禁，或革职，或降爵，并停其待封者。

福建等省地震

万历三十二年（1604）十一月，福建泉州海外约有 8 级地震，附近几省同时波及，地震余震不断，至次年初春方止。

九日夜，福建自东北至西南沿海大震，连震十余次，山石海水皆动，地裂楼塌。郡治所在破坏尤为严重，庐舍倒塌，覆舟甚多，开元寺东镇国塔第一层尖石坠落，二三层扶栏震碎。南安县城堞尽圮。同安则地裂涌水。兴化府城塌数处，地裂水涸，地下涌出黑沙，有硫磺气味。沙县溪流荡涌，自县城至四乡达百里，漳浦地陷穴，水涌出。各地破坏严重，民舍多坏，墙垣多倒塌。

万历三十五年（1607）刻《明状元图考》

江西省广信府一带亦震，浙江省余杭亦震，河水腾涌，墙屋毁坏；江苏省的苏州府、吴江、嘉定及吴淞守御所，俱震有声。余波所及，除上述各省外，安徽铜陵，湖广汉川、安陆、钟祥及广东揭阳、遂溪等地，同日俱有震感。

据记载推算，此次地震最远破坏距离约 450 公里，最远有感距离约 800 公里，震中烈度不详，震级（M）为 8 级。

放弃辽东六堡

万历三十四年（1606）十二月，辽东总兵官认为辽东宽甸（今鸭绿江以北、辽宁丹东以北）等辽东六堡，孤悬难守，遂与总督蹇达、赵楫商议，放弃该地，将堡内的居民全部迁到内地。

辽东六堡自万历三年（1575）建成之后，发展迅速，人口日繁，不愿迁徙，况且辽东是中国东北屏障，历任边将，经营非易。至是李成梁提出放弃辽东六堡，给事中宋一韩力言"弃地非上策"，御史熊廷弼亦持此议，神宗一律不听，准许李成梁内迁。

内徙过程中，凡居民恋室家不愿行者，则驱大军以武力强迫迁居，造成死亡者不可计数，而辽东六堡失去，辽东屏障不复存在，辽沈一带也失去资以防卫之前卫，给努尔哈赤发展军事、收聚部众、利用汉人以有利之机。

所幸的是，在李成梁镇守辽东时，诸部族的首领人物相继死亡，此时，又值开原、广宁之间重开：马市和木市，各族人民友好往来，于是8年时间里，辽东平静少事。

王元翰痛论时政

工科右给事中王元翰痛感政事凋蔽，遂于万历三十四年（1606）十二月三日，上疏极言时政可痛哭者八事。

一、阁臣本为皇帝心腹，本当经常一起共商大事，可是朱赓入阁已3年，居然未见皇帝一面。二、九卿大臣大半虚位，甚至整个衙门全无一人，监司、郡守亦多年无官，或一人兼职过多，致政事怠慢苟且。三、两京台省，仅得寥寥数人任事，官吏迁转无期，威令不行，上下贪玩。四、诸臣被黜，则沦落山谷，长期不得起用。五、边境多年缺饷多达80余万两，居民冻馁，士卒怨恨，边境之患难以避免，而京师则积兵至10余万人，每年费饷200余万两。大都市井负贩游手好闲，一旦有事，能使谁赴疆与敌人作战。六、皇上深居九重，徒有议论空存，奏章束之高阁，不纳臣工忠言。七、税使满天下，令百姓怨声震天，众心离叛，而皇上犹不知有变。八、皇上郊庙不亲往，朝讲不御，危机四伏，自古至今，未有如此而天下无事的。又皇上信宦官，爱宫妾，不近正人端士。皇上何独不顾国家安危！

王元翰又让神宗下罪己诏，从此改弦易辙，疏既送上，神宗无动于衷。万历年间的大臣，基本上可说是知无不言而言无不尽，臣子痛责皇帝，已属

寻常。然而言者淳淳，听者藐藐，神宗对这些批评全不理睬。

党争日剧

自嘉靖、隆庆以来，政局日坏，廷臣树党相攻之势日益严重。

万历二十二年（1594），吏部侍郎顾宪成罢职回乡，讲学东林，朝野呼应者甚多，渐形成所谓"东林党"，东林党的请议对朝政甚有影响力，因而从之者日众，忌之者亦日多。在朝的国子监祭酒汤宾尹（宣城人）、谕德顾天埈（昆山人）也各收召朋徒，自成一股势力，干预朝政，时称"宣昆党"。

另一方面，神宗不理政事，奏章往往留中不发，唯有台省的言官说话最有影响力，往往言路一攻，其人自去。台谏官内部又分为三党：齐党领袖为亓诗教等，燕人赵兴邦等附之；楚党领袖为官应震等，蜀人田一甲等附之；浙党领袖为姚宗文等，商周祚等人附之。台谏三党与宣昆党声势相倚，合攻东林党，排斥异己，稍有逆其意者，则群起而攻之，大僚非其党则不能安居其位，于是天下称他们为"当关虎豹"。

朋党之徒，也往往倚仗势要，肆行不法。万历三十八年（1610），侍郎王图主持会试，宣昆党的汤宾尹为分校官。会试时，汤宾尹的学生韩敬落选，汤竟越房搜索得其卷，与各房互换闹卷共18人，强迫王图录取韩敬为进士第一，王图亦无可奈何。次年升官，王图掌翰林院，官在汤宾尹之上，京察时遂将汤宾尹等人黜落。

徐光启译成《几何原本》

万历三十五年（1607）初，由意大利利玛窦口译、徐光启笔授的《几何原本》前6卷中文译文完成，并在北京付印，从而使这部希腊古典时期数学成就的总结性著作传入中国，并对中国近代数学发展产生了重大的影响。

《几何原本》（希腊文字抄本）

　　《几何原本》为古希腊数学家欧几里得（Euclid, 约 330 ～ 275B. C. ）所著。全书 13 卷，开卷便给出了 23 条定义、5 条公设和 5 条公理。他运用严格的逻辑推理，将精心选择的 460 多个数学命题组织成了一个庞大而严密的数学逻辑演绎体系，成为最早用公理法建立数学演绎体系的典范。第 1 ～ 4 卷论述直线形和圆的各种性质，第 5 卷为比例

徐光启手书《刻几何原本序》

论，第 6 卷为相似形，其中第 2、6 两卷又被认为发展了几何化的代数。第 7 ～ 9 卷为数论，第 10 卷为不可通约量（无理量），第 11 ～ 13 卷为立体几何与穷竭法，后来又有人增添了第 14、15 卷。这部著作在世界上影响极大。

　　早年曾师从德国著名数学家克拉维斯（1537 ～ 1612）的利玛窦，精通数学、天文、地理和音乐。他于 1600 年在南京与徐光启交往，其渊博的知识让徐光启折服。此后，他俩先后定居北京，徐光启经常向利玛窦请教包括天文、地理和数学在内的西方科学，为了满足徐光启将西方科学著作尤其是内容新奇而有证明的数学著作译成中文的要求，利玛窦选择了《几何原本》的克拉维斯的拉丁文译注本作为翻译的底本，展开这一开创性工作。徐光启每天前往利玛窦住所，将利玛窦口述的内容记录下来，并创制一套既切合科学涵义、又易为中国读者接受的名词术语。经过反复推敲，三易其稿，终于在 1607 年初春译成前 6 卷，同年付印。"几何"一词在译本中是拉丁文 magnitudo（量）的音译，徐、利二人认为数学是研究量的学问，便将书名译成了《几何原本》。从此这部古希腊数学名著开始在中国传播。徐光启本希望译完全书，但被利玛窦阻止。后 9 卷直至清末才由李善兰和伟烈亚力完成。

　　《几何原本》是第一部译为中文的西方科学著作，虽然只译出前 6 卷，但已充分显现出西方公理化数学体系的思想、方法与特点，其抽象的陈述形式及严密的逻辑推理都是中国传统科学中所缺少的。它的传入，对中国近代数学发展产生了重大的影响，这以后，不仅几何学知识在中国流传渐广，而且出现了不少中国人自己撰写的几何著作。

徐霞客游天下

万历三十六年（1608），21岁的徐霞客离家出游，开始了他遍游天下的伟大旅程。

徐霞客（1587～1641），名弘祖，字振之，号霞客，南直隶江阴人（今属江苏）。出身书香门第的地主家庭，自幼勤奋好学，博览图经地志。立志遍游祖国的名山大川。因见明末政治黑暗，不愿入仕为官，专事旅游。

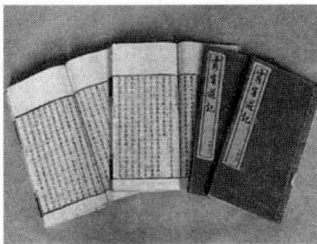

《徐霞客游记》书影

在30多年的旅游历程中，徐霞客备尝艰险，足迹遍及现在的江苏、浙江、安徽、河北、山东、陕西、山西、河南、湖北、湖南、福建、广东、江西、广西、贵州、云南等16个省区。以50岁（崇祯九年，1636）为界，前期北登恒山，南及闽粤，东涉普陀，西攀太华之巅，沿途搜奇访胜，留下了脍炙人口的天台山、雁荡山、黄山、庐山、嵩山、华山、五台山、恒山等名山游记17篇；后期西南地区之行，更是在探寻山川源流、风土文物的同时，重点考察记述了喀斯特地貌（石灰岩）的分布及其发育规律，写有《浙游日记》、《江右游日记》、《楚游日记》、《粤西游日记》、《黔游日记》、《滇游日记》等。

江苏江阴县徐霞客故居中的
"崇礼堂"正厅

徐霞客摈弃利禄，毕生从事旅游考察事业。详细考察和科学记述了喀斯特地貌的类型、特征、分布、成因及各地区间的差异。仅在云、桂、黔三省区，他就亲自探查过270多个喀斯特洞穴。具体记载了洞穴的方向、高度、宽度和深度，指出一些岩洞是由水的机械侵蚀造成的，钟乳石是含钙质的水滴蒸发后逐渐凝固而成。对文献记载的关于中国水道源流的一些错误作了纠正，如肯定金沙江是长江上源，从而否定流行了1000多年的《尚书·禹贡》关于"岷山导江"的旧说。正确指出河岸弯曲成岩岸近逼水流之处冲刷侵蚀厉害，河床坡度与侵蚀力的大小成正比等问题。科学地解释了喷泉的发生和潜流作用的形成。对各地许多植物的生态品种作了较仔细的观察和记述，明确提出了地形、气温、风速对植物分布和开花时间的各种影响。对云南腾冲打鹰山的火山遗迹进行了详细调查，科学地记录与解释了火山喷发物红色浮石的产状、质地及成因。在中国，他也是最早一位详细描述地热现象的人。

江苏江阴县徐霞客墓前塑像

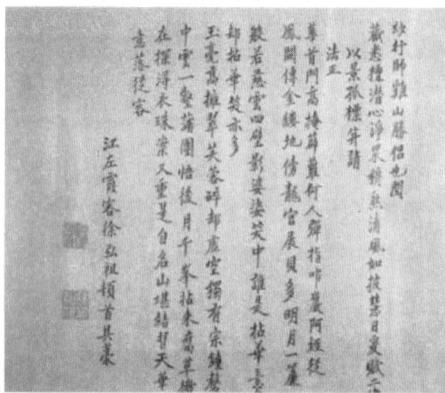
徐霞客手迹

徐霞客每到一地，便把所到之处的所见所闻生动而真实地记载下来。死后由他人整理，形成一部以日记体裁为主的地理名著——《徐霞客游记》。霞客逝世后，原稿散佚。《游记》先后有30多种手抄本和刻印本。以1980年褚绍唐、吴应寿整理的上海古籍出版社出版的《徐霞客游记》最为完善，共62万字，存有日记1050天。包括名山游记（占7%）、西南游记（占91%）、专题论文和游记（占2%），内容以地貌、水文、植物等为主，涉及历史地理、社会政治、经济、民族风俗、城镇聚落等，十分丰富。为研究中国地理提供了稀有而宝贵的资料。并且文笔生动，亦是一部上乘文学作品。

徐霞客开创了中国地理学走上系统实地考察、研究自然规律的新方向。他在中国地理学史上前无古人的卓著贡献，尤其是关于喀斯特地貌的记述和研究，早于欧人两个世纪，居于当时世界领先水平。

《元亨疗马集》影响广泛

《元亨疗马集》约成书于明万历三十六年（1608），作者为俞（或为喻）仁、俞杰兄弟。俞仁，字本元，号曲川；俞杰，字本亨，号月川，明南直隶六安州（今安徽六安）人，生卒年俱不详，均为当时著名兽医。清乾隆初期李玉书加以重编，并将《疗马集》与俞氏兄弟另著之《疗牛集》等合刻，成《元亨疗牛马驼经》，亦称《元亨疗牛马驼集》、《元亨疗马集附牛驼经》等。

本书为预防和治疗马病的经验总结，以马为主，兼及牛、驼等。《疗马集》共分春、夏、秋、冬四卷，合112图3赋150歌300余方；马有36起卧、72病。所附《驼经》一卷，驼有48病。《疗牛集》分上、下两卷，牛有56病。本书以问答歌诀、论证及图示等方式论述马、牛、驼的饲养管理，牛马相法、生理病理、疾病诊断、防治法则、经验良方和药性须知等，内容以临病诊疗为核心，而尤以马经最为详尽。由于俞氏兄弟精通业务，因此，书中不乏独到见解，更有不少内容为作者经年行医之经验体会。又因作者将大部分主要内容编成"歌"或"颂"，通俗易懂，便于农民记忆、掌握和运用，因此，其适用性很强，流传极广。

本书问世后，即成为当时一部总结性的兽医经典普遍流传，明、清两代被不断翻刊，并逐渐流传到朝鲜、越南、日本及欧美各国，对中国和世界兽医的发展有较大的影响。而作为民间习见的一部中兽医书籍，时至今日仍有重要的参考价值。

以西欧历法修订历法

自利玛窦进京后，传教士庞迪峨、熊三拔、邓玉函、汤若望等亦先后至京，他们都精研历法，因而也把西洋历法带到了中国。

万历三十八年（1610）十一月一日，京师发生日食，礼部钦天监所推算的日食起止分秒以及方圆俱不准确，礼部官因此博求知历学者与监官考证历法。便有人推荐庞迪峨等人。于是礼部上奏：陕西按察史邢云路，著有《古今律历考》，为时所称。翰林院检讨徐光启、南京工部员外郎李之藻，亦皆精于历法，可与庞迪峨、熊三拔等人同译西洋历法，以修正中国历法。又说，历法疏密，莫过交食，欲议修历，必先正仪器，请命所司修治仪器，以便从事。

向来懒于视事的神宗，先将此奏留中不发，后来才召邢云路、李之藻至北京，与庞迪峨、熊三拔、邓玉函等共修历法。邢云路据其所学，李之藻则大胆引入西历，西洋历法因此始传入中国。

东林学派形成

明神宗万历年间，东林学派形成，其领袖是顾宪成、高攀龙。

万历三十二年（1604），因直谏而被贬回乡的官吏顾宪成与其兄弟顾允成倡议修复东林书院，偕同高攀龙、钱一本、薛敷教、史孟麟、于孔兼等聚众讲学，并把读书、讲学和关心国事紧密地联结在一起。"风声雨声读书声声声入耳，家事国事天下事事事关心"，这副对联，

东林书院讲学纲领——《东林会约》书影

就是他们读书讲学而不忘国家安危的真实写照。他们的讲学活动，吸引了许多有志之士。这样，以顾宪成、高攀龙为首，以东林书院为主的东林学派诞生了。并且在朝的不少正直官员，也与东林书院遥相应和。东林学派又渐渐扩大成为一个政治派别，被当时的封建统治者斥为"东林党"。

东林学派在政治思想上反对封建独裁专制，极力抨击和反对大宦官大官僚的弄权专政，提出具有民主思想色彩的口号。他们提出革新政治，把百姓看作社会的主体。顾宪成提出天下事情的是非曲直，当由天下的百姓定夺而非听从一个人的意愿，把矛头直指封建专制。顾宪成还认为君子的所作所为，

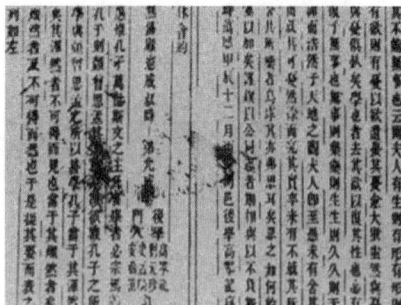

要从全天下人的角度出发，而不能一意孤行。在改革朝政方面，他们抨击科举弊端，提倡不分等级贵贱破格用人。他们提倡依法治国，提倡惠商恤民，把商与工农并举，突破了以往重农抑商的传统观念。这一系列主张和观点，基本上反映了地主阶级反对派和商人、市民的利益，与当时中国已经出现的资本主义生产关系的萌芽相关联。

东林学派的学术思想也具有新的特色，他们提倡能治国平天下的有用之学，反对言而无物、脱离实际的经院风气。东林学派源自程朱理学，但仍然表露出自由讲学和自由结社的需要，在某种程度上有冲破经院束缚、反对封建专制思想文化的进步意义。并且他们在一定程度上突破了理学固有的传统观念，批评王学只言奉体，不说功夫，强调本体与功夫的合一；强调只有通过学习和思考才能达到良知良能。并针对王学之流的空言之弊，竭力反对空谈心性，提倡贵在实行。东林学派还反对学术上的门户之见，从理学发展史的角度，给予程朱、陆王等不同学派以应有的地位，开启了后来以黄宗羲、全祖望为代表对宋明理学进行总结的端绪。

东林学派的理学思想在一定程度上并没有突破封建纲常和程朱理学的束缚，但他们思想方面的某些进步因素，却成为后来早期启蒙思想家的某些先驱，而且是明后期实学思潮的发端。

天主教堂建于北京

万历三十三年（1605），意大利籍传教士利玛窦在北京宣城门内兴建寓所并设置经堂。三十八年（1610），又另建小教堂供教徒礼拜之用。天主教堂即宣武门天主堂正式建于北京。

明末清初，相继建成东安门外之东堂与蚕市口之北堂（后迁西什库），改称南堂。南堂是中国现存最早的天主教堂。

基督教曾三度传入中国。唐贞观九年（635）基督教由波斯传入中国，时称"景教"，一度流布颇广。元代（13世纪）再次传入中国，称"也里可温教"，曾在北京、杭州、西安、泉州等地建有教堂，后皆中断。明末（16世纪）意大利传教士利玛窦则开创了基督教在华传教的第三个时期，信徒近4万之众。

利玛窦在北京传教时，徐光启、李之藻等人经常其与切磋学问。顺治七年（1650），清廷赐修历法有功的德国传教士汤若望黄金 1000 两，在宣武门建造大堂，两年后竣工。后汤被参劾下狱，教堂一度遭毁。汤平反后，康熙四十二年（1703），清廷又拨库银 10 万两饬令重建。

明末清初天主教堂建于北京，是中西文化交流的象征，在中国基督教发展史上有一定地位。

顾宪成主导东林思想

顾宪成（1550～1621），字叔时，江苏无锡人，世称东林先生，泾阳先生，曾任吏部文选司郎中。他与高攀龙一道创办了东林书院，并形成东林学派，实际上由顾宪成主导东林思想。

顾宪成尊奉程朱学说，认为理是宇宙万物的本原，也是宇宙万物的规律和法则。他同朱熹一样，把理称之为太极，认为太极是产生天地万物以至人的精神知能的根源，是主宰一切的精神本体。他把理说成是神秘的万物之创造主、上帝的代名词，这比朱熹的"帝是理为主"的观念更进了一步。顾宪成借周敦颐的思

顾宪成像

想资料，加工改造用以宣称他理是主宰的本体论，以抨击佛、道空无之说；同时破除王学末流利用周敦颐的观念，为其无善无恶心主体的议说寻求本体论据的企图。顾宪成还借用《周易》中的太极生两仪，两仪生四象，作为理是主宰的本体论根据，并以此说明太极是宇宙万物的本原，以批评王学末流引释入儒或混释儒为一，他的针对性十分明确。

顾宪成把人性本善确立在东林书院院规之中。顾宪成继承了朱熹的观点，把人的本性问题提到本体论的高度。与朱熹不同的是，他认为善是天地万物的本原。他有意识地将人性与善紧密地联系起来，强调认性为实，性在善中，认为善与太极一样，不仅是天地万物本原，而且具有天地之德的宇宙本性。

顾宪成还进一步阐述善不仅有天地之德的宇宙本性，还有仁义礼智等道

德属性。他认为天之四德的元亨利贞是善的体现，又是善的复归。顾宪成不仅把以善为主体的仁义礼智为内容的封建人性论赋予了本体论的内涵，而且把封建的人性论极端神圣化和永恒化了。

顾宪成抬高性善说的人性论正是针对王阳明的无善无恶心之体学说风行之后，在周汝登、管志道等王学末流中掀起的一股空谈心性而不务实学之风而言的。并且通过与周、管等人论辩，强调他的性善说的人性论。顾宪成在抨击无善无恶说时，还对佛教进行严厉的批驳。

顾宪成竭力反对不学不虑、不思不勉的见成良知，提倡躬行与重修的知行观与修养论。顾宪成一贯提倡本体与功夫的合一，认为要获得对具体事物的认识，必须有勤奋好学的精神，打破了圣人生而知之的传统观点，在知行观上有积极意义，更重要的是，顾宪成提倡讲习结合，认为士之讲学与农夫之耕地一样，有合法权利，表现出反专制主义禁锢，以争得自由讲学权利的要求。

顾宪成在道德修养论方面提出重修，认为悟由修入，修与悟是下学和上达的关系，悟与行相结合，相始终。他之所以提出重修，是要以修来校正王学末流的重悟之弊。他认为宁可失之于朱学之拘，而不失于王学之荡。具体的修养方法除强调躬行外，还主张居敬穷理，从道性善入手，落实到积仁，因为仁是德之首，他还讲求忠恕的道德修养，把诚意、正心、修身概括为忠，把治国平天下概括为恕，这也是与他一贯以天下为己任的救世立场相一致的。

高攀龙为东林中坚

高攀龙（1562～1626），字存云，又字云处、景逸。江苏无锡人，官至左都御史。高攀龙与顾宪成是东林学派的创建者。在顾病逝后，由高攀龙一人独肩其责，为东林中流砥柱。

高攀龙自幼志学，学无常师，万历进士，因直言被谪回家，与顾宪成重建东林书院，著书讲学，抨击王学末流的谈空说玄，引儒入释，提倡治国济世的务实之学，被尊为一时儒者之宗。

高攀龙像

帝国落幕中的文明

　　高攀龙继承了程朱学说，认为理是宇宙万物的本原，太极则是天地万物之理的总和，事物至善的标准。他认为天地万物都统一于理，然而万物千差万别的原因在于气。在理、气关系上既保持程朱以理为主的观点，又推崇张载的气为万物之本的观点，这两者表现出他理气观的矛盾，亦表明他意图摆脱理学束缚的趋向。

　　高攀龙继承程朱性即理说，认为人的本性问题是学问的根本。学问首先要知性，知性又在于明善，故知性善，才可言学。把善等同于理，得出性即理，理即善，善即天理的结论。他指的性是指天地之性，也就是复性的内容。他这种复性说的人性论，就是企图通过人的自我道德修养以改变气质的缺陷，有强调后天学习、实践的积极意义。

　　高攀龙从性善论出发，批驳王学的无善无恶学说，并揭露王学末流儒释道三教统一论就是以佛代儒，一统三教。他还反对宗教的因果论，他承认善有善报，恶有恶报，但这不是天命鬼神而是人们遵循儒家义理好坏的结果，这一思想较重视人的主观能动性，排除了宗教迷信，有一定积极意义。

　　高攀龙承程朱之说，提出学必由格物而入，格物的对象应包括自然界的天地乃至一草一木，但主要在于求取至善的封建道德的根本原则，至善是以抽象的精神本体的天理具体化为人的道德伦理基本原则，可以说他的格物论就是他的认识论，在人性上是复性论，在道德伦理上是至善的根本原则，他在强调至善为穷理格物本体时，还强调穷理功夫的重要，提倡本体与功夫并重，反对王学摒弃客观而进行直觉的自我参悟的主观唯心主义的认识方法，他还初步认识到完善的认识还要由闻见的感性认识上升到理性思维。

　　高攀龙面对国家危机，产生了实念、实事的积极思想，把格物致知的认识论，正心诚意的个人道德修养与治国平天下的政治纲领三者结合，把治国平天下视为前二者的必然结果，认为学问不得通百姓而用，便不是学问，衡量学问的标准是有用与否，是能否治国平天下。

　　高攀龙的理学思想和务实致用学说，使其成为东林学派的中坚，与顾宪成一道为东林学派的领袖。他的思想对同时代及后世之人启发很大，为后世民主思潮的发轫打下了基础。

沈璟领导吴江派

明中叶后戏曲繁荣，出现了不同的流派，其中沈璟领导的吴江派，是影响较大的一支。

沈璟（1553～1610），字伯英，号宁庵，江苏吴江人。20多岁中进士，官至光禄寺丞。因科场考官舞弊受朝臣弹劾，万历十七年（1589）弃官返乡，开始了他20年的戏曲创作生涯，自称词隐生。著有传奇17种，合称《属玉堂传奇》，现存的有《红蕖记》、《义侠记》、《博笑记》等七八种。

沈璟精研曲律，认为戏曲的格律高于一切。他在《博笑记》之附刻《词隐先生论曲》中写道："怎得词人当行，歌客守腔，大家细把音律讲。"针对明中叶后文人传奇渐多而往往不合音律的现象，提出戏曲要重视格律的主张，在当时有积极的意义。为此，他订定了《南九宫十三调曲谱》等戏曲曲律。但他认为"宁协律而词不工，读之不成句而讴之始协，是曲中之工巧"，却把音律的作用推向了极端。

吴江派的作家包括王骥德、吕天成、叶宪祖、冯梦龙、袁晋、范文若、卜世臣、沈自晋等。因他们与沈璟关系密切，又都重视戏曲的曲律，艺术创作上也多有相似，所以与沈璟一起被称作吴江派。

沈璟领导的吴江派除推崇音律外，在创作内容及表现方法上也十分相似。他们的作品，都不约而同地以宣扬忠孝节义的封建伦理和宿命的思想为主题，而且常以梦境来表现宿命的内容。结构安排上，也常以一件和剧中人相关的物件来安排关目，展开情节，往往忽视客观情势和人物性格的必然发展。同时，他们又都喜好在剧中穿插一些无聊的笑料；在文字上弄花巧。他们常在曲子里嵌词牌名，曲牌名，用歇后体、离合体，在说白里用冗长的参禅形式的对答。吴江派主张戏曲语言崇尚本色，因而他们的戏曲语言都比较浅近，改变了以前戏曲的骈俪作风；但由于过分拘于音律，作品又缺乏现实内容，所以他们的语言大都不够明朗、生动，往往流于平板无味。

吴江派在明中叶后的剧坛上有一定影响，事实上，吴江派成了昆曲的正宗。

《鲁班经》集民间木工工艺大成

《鲁班经》成书于明代，具体年代不详，流行至清代。全名为《新镌京版工师雕斫正式鲁班经匠家镜》。系将中国南方民间流传的有关房屋、家具及生活用具木工口诀传抄合订成书，内容多摘抄各类有关书籍、收集中国民间建筑经验而成。编撰者不详。因鲁班被后世尊为建筑工匠和木匠祖师，故托以鲁班之名。是中国古代民间房屋营建和家具制造之木工工艺大成。

《鲁班经》有文3卷，另有附录。着重编入营建业务所必备的知识、资料，包括择吉、符咒等风水迷信内容。其卷一起自鲁班仙师漂流，止于凉亭水阁式，内容为民间房屋营建的大木工技术口诀；卷二起自仓敖式，止于围棋盘式，内容包括建筑、畜栏13条，家具34条，日用器物16条；卷三含起造房吉凶图式72例，内容多为阴阳五行迷信之说，附录内容比较庞杂，但大多与房屋营建的迷信活动有关。

《鲁班经》是古代民间匠师的职业用书，所载内容对研究宋代以后中国

明戗金钿钩填漆龙纹方角柜

明紫檀喷面式方桌

万历三十三年（1605）刊本《精选点板昆调十部乐府先春》（陈继儒辑）插图，为向徽派版画了精品。

民间匠师业务职责范围、施工仪式程序及某些行帮规矩、明代建筑用具等，都具有较高史料价值。书中有关家具的内容主要是叙述家具的下料和家具制作的构件尺寸，因此是研究明式家具不可多得的重要文献。

《鲁班经》的传世版本主要有明万历年间刻本和崇祯年间刻本。前本插图线条流畅，姿态生动，画面完美，但为残本，现藏于国家文物局。后本是现存各版本中最完整的一部，插图亦甚精美，但人物衣纹缺乏变化，艺术性逊于前本。

明黑漆彩绘嵌螺钿加铜片龙纹箱

沈德符著《万历野获编》

万历三十四至三十五年（1606～1607），沈德符撰成笔记《万历野获编》30卷，四十七年又编成《续编》12卷。

沈德符（1578～1642），字景倩，又字景伯、虎臣，明浙江秀水（今浙江嘉兴）人。万历四十六年（1618）举人，家世仕宦，自幼随父寓居京邸，刻苦读书，博洽好古，习闻掌故。父死南归故里。遂仿欧阳修《归田录》之体例，随笔记录旧所见闻，撰成《万历野获编》，简称《野获编》，书名寓"野之所获"之意。

《野获编》记述起于明初，终于万历年末，而以万历年间为主。内容多记万历和万历前的朝廷掌故和士大夫的政治生活，取材广泛，内容丰富，凡典章制度、朝廷掌故、山川景物、民间风俗、文人琐闻、戏曲小说等莫不涉及，而尤详于典章制度和朝廷掌故。该书撰著态度严谨，条理清晰，内容翔实，在明代笔记中堪称佳作，可补《明实录》与《明史》

明万历年间歙西唐模许氏醉酣斋刊行的酒牌。此为游戏之具，绘刻精绝，不仅可赏画，亦可品文。原共一卷，此选一幅。

之不足，是研究明代历史的重要史料。

该书著成后未即刊刻。后有明末刻大字本，少有流传。清康熙时钱枋据朱彝尊旧抄本辑录于《日下旧闻》中。后沈氏后人沈振搜诸家所藏，得230余条，编为8卷，又依钱枋体例，编成4卷附后，但全书已失原书本来面目。

《针灸大成》集针灸大成

万历二十九年（1601），明代杨继洲撰成集针灸学大成之名著——《针灸大成》。

明代以来，政府对针灸十分重视，针灸学有了较大的发展。首先，鉴于宋代王惟一所造针灸铜人因年久失修，难以辨认，明英宗特命人进行复制，以供太医院考核医生时使用。其次，当时的针灸学家也有铸造针灸铜人的，如16世纪著名的针灸学家高武鉴。他认为男、女、儿童因生理差别会导致针灸穴的差异，因此精心设计铸造了男、女、儿童针灸铜人模型各一座，以便临证取穴。可惜未能流传下来。再者，一些针灸学家对针刺理论和手法进行了深入的讨论和研究，产生了"灵龟八法"和"子午流注"两种学说，即按时辰不同而选用人体不同部位的经穴进行治疗。这些学

明代铜人明堂图

说与现代生物针学有惊人的相似之处，具有一定的科学价值。此外，出现了许多根据前人针灸论述汇编的针灸著作，如《针灸聚英》。其中影响最大，学术价值最高者首推杨继洲的《针灸大成》。杨继洲（1522～1620），名济时，三衢（今浙江衢县）人。出身医生世家，曾任太医院医官，行医40多年，特别擅长针灸。他曾总结家传验方，融会多家针灸著作，结合个人经验撰成《卫生针灸玄机秘要》3卷。在此基础上，进一步博采群书，遂编撰成《针灸大成》一书。

《针灸大成》共10卷，内容丰富，是一部集针灸大成之作。该书广泛收集了前人与针灸有关的论述，考证了经络，穴位，针灸手法与适应论，发展

了一针两穴以上的透穴针法，并创造爪切、持针、口温、进针、指循、爪摄、退针、搓针、捻针、留针、摇针、拔针等12种杨氏针刺手法。除"口温"外，其他11种手法至今仍在使用。书中介绍了烧山火、透天凉、苍龙摆尾、赤凤摇头、龙虎交战、龙虎升降、子午补泻等多种针刺手法，主张应用针灸与药物对疾病进行综合治疗，并附有治疗病例的记录；同时，该书又论述了针灸疗法的可行性及优越性，认为"惟精于针，可以随身带用，以备缓急"，"劫病之功，莫捷于针灸"等。此外，书中还附有多幅供太医院考绘之用的铜人明堂图，图文并茂，便于学习和直观记忆。

《针灸大成》问世后，通行的版本共有50多种，成为学习针灸学的重要参考文献。书中所辑录的古代针灸资料，有的原书已失传，部分内容在本书中得以保留，因此该书在针灸学发展史上起到了承前启后的作用。《针灸大成》在国外也有很大的影响，英，法，德，日等国均有本国文字的全译本或节译本。近年来，法国针灸学会为提高法文译本的质量，正在重译《针灸大成》一书。

《字汇》创214部首

明代文字学研究的成就主要体现在字典的编纂上，梅膺祚的《字汇》，在编排和释义上都有较大改进，并为后代辞书的编写开创了新的道路。

汉代许慎的《说文解字》中首创了按部首编排汉字的方法。他的部首编排方法

梅庵（魏植）

是根据汉字字源结构分析归纳出来的，这种编排方法的目的是为了展示汉字的构形系统，因此《说文解字》的部首编排体系是适用于对汉字构形系统进行科学描写的专家系统，此法虽是一种创举，但对于普通缺乏汉字学专门知识的一般读者来说，检索起来就极为不便，其后虽有许多字典如《字林》、《玉篇》、《类篇》等，但都是仿照《说文解字》而作的，其编排方法没有根本的变化。

《字汇》是明代产生的一部以便于检索为目的，以通俗实用为原则，按检索部首排列的新型字典。此书吸收了 17 世纪以前字典编纂的经验，比以往的字典大有进步，是自《说文解字》以来，中国字典编纂史上一部具有转折意义的重要著作。

《字汇》对部首及部首和部首属字的排列次序作了改革，创立了 214 部首检字法。作者梅膺祚把《说文解字》的 540 部首按照楷书笔画归并为 214 个，并打破了《说文解字》部首"据形联系"，部属字"依类相从"的排列方式，完全按照笔画的多少来排列部首和部属字。由于这种方法符合汉字的特点，一般人极容易掌握，即使一个对《字汇》不熟悉的普通读者也能很容易地根据笔画的多少找到所要检索的字。《字汇》正文每卷首还有一个表，载明该卷部首及部首在卷内所在的页码，相当于分卷目录。首卷后还附有"检字"，排列不容易辨明部首的难检字。

此外，《字汇》收字适中，注音详明，释义全面。凡属于怪僻文字，《字汇》一律不收，所收 33179 字都是经史中常用字。一字之下，往往先注读音，注音一般先列反切，后加直音。然后注解字义，字义以基本的常用义列前，其他列后。释义下列举古书中的例证。

《字汇》创立的 214 部首检字法，完全按照笔画的多寡来排列部首和部属字，为中国字典的编纂法奠定了基础。从清代的《康熙字典》到现代的《辞海》、《辞源》、《汉语大字典》等，虽然部首数目或有增减，但这种编纂法一直沿用下来。

三袁成公安派

明代自弘治年间以来，文坛基本上被以李梦阳为首的前七子和以李攀龙为首的后七子所把持，他们高举"文必秦汉，诗必盛唐"的大旗，极力提倡复古运动。但由于指导思想过于偏激，以至文坛剽窃成风，泥古不化。

明代宋懋晋《写杜甫诗意图册》（之一）

为此，湖广公安（今属湖北）的三位袁氏兄弟群起而攻之。

公安派的文学主张主要表现在：首先，反对模拟古人，主张变通。认为文学应随时代而发展变化，"世道改变，文亦因之；今之不必摹古者，亦势也"。时代变了，文学包括语言形式等必定也要随之发生变化。所以，"古何必高？今何必卑？"主张创作应冲破一切束缚。其次，提出"独抒性灵，不拘格套"。其"性灵"是指作家的个性表现和真情表露。认为"出自性灵者为真诗"，好文章必须要写出真性情。最后，提倡并赞颂来自民间"任性而发"的"真声"，即戏曲、小说和民歌，主张从民间文章中汲取营养。在这三个指导思想下，他们创作出一批优秀的文学作品。

袁宗道（1560 ~ 1600），字伯修，号石浦，他认为文章的关键之处在于辞达，要学习古文，也应学其辞达之精髓。"学其意"，不必泥其字句，反对仅仅学习古文的形式，这就在一定

明代沈士充《梁园积雪图轴》

程度上指出了前后七子的复古弊病之所在。要做到辞达，首先就要有"理"存于文章之中，古人的好文章，都是因为"理充于腹而文随之"才显出其优势，只要我们在写文章时有理存在，就可写出好文章。"从学生理，从理生文"。其次要有真情实感。比如心中如无喜事而欲笑，如无衰事而欲哭，最终只能强装模拟而已，以此为指导，他写出的文章纯朴自然，寓于新意，如游记散文《上方山一》、《小西天一》等，简牍散文《寄三弟之二》、《答友人》等，论说文《读论语》、《读大学》等，无不用情真挚，感人至深。

袁宏道（1568 ~ 1610），字中郎，又字无学，号石公。他虽排行第二，但在"公安派"中实为领袖，上面提到的"公安派"的文章纲领基本上是由他发展而来的，特别是"性灵说"的提出，他认为"性灵"来自于"童心"或"无心"。文章若要有"韵"，就必须要来自"性灵"。"性灵"是一种下意识的直觉，是排除了"理"的感情活动。他的文学成就主要表现在他的散文和诗歌上，清新明畅，自成一家。如游记《满井游记》，传记文《醉叟传》，随笔《斗蛛》等篇，语言浅显，毫无做作之感。

袁中道（1575～1630），字小修，一作少修，他较两位兄长更晚去世。晚年看作模仿"公安派"的文人作文章，只注性灵而忽视了格调，因此又提出"性灵格调兼重的思想，以纠偏扶正，这是他与两位兄长的不同之处。他的文学创作以散文为主，如尺牍文《答潘景升》、《与曾太史长石》等，游记文有《游鸣凤山记》、《玉泉涧游记》等等。

公安派在文学理论上有许多可取之处，但逃避现实生活，使得他们的文章缺乏深层次的社会内容，多为描写自然景物及生活琐事，创作题材较为狭窄，在创作实践上未能赶上他们的创作理论。

徽派篆刻形成

明代中叶前后，文人画家亲手参与篆刻，使篆刻艺术得到了新的发展，出现一些篆刻流派，如以何震为代表的"徽派"形成了。

何震（？～1604前后），字主臣，号雪渔，安徽婺源（今属江西）人。他住在南京时，与文征明的长子文彭情同师友。文彭是著名的篆刻家，是篆刻流派中"吴门派"的代表，据说就是他开创了文人以石制印的风气。何震与文彭一起精研六书，学习其刻印方法。他又从大收藏家项元汴处临刻了数千方古印，技艺突飞猛进。何震刻印的篆法、章法变化很大，他能制铜印、玉印、小篆、缪篆，刀笔之外标韵无穷。他的仿汉满白文印，刀痕显露，天然浑朴；用单刀刻边款，雄健欹斜，别有奇趣。

梁袠、吴忠、程原、程朴父子是此派的传人。程氏父子曾摹刻何震的篆刻原石1000余方，于天启六年（1626）印成《忍草堂印选》一书。

吴之鲸印　程朴

天放生　吴忠

棲神静乐　胡正言

刘守典印
吴忠

壬辰进士
叶原

笑谈间气吐霓虹　何震

文彭之印
文彭

文彭之印
文彭

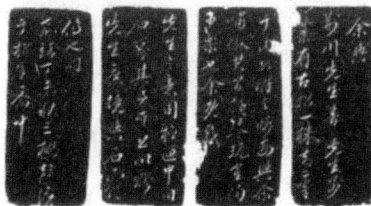
琴罢倚松玩鹤　　　文彭

七十二峰深处　文彭

放情诗酒　何震

无功氏　何震

程守之印　何震

徽派篆刻印章

031

伊斯兰汉文译经出现

明代以前中国无汉文伊斯兰教经典与论著译本，长期使用汉语和接受儒家思想熏陶的中国穆斯林难以完全适应阿拉伯和波斯的原封不动的宗教传统。因此，伊斯兰教的信仰和学术，不能不在内容上和语言上吸收中国传统文化特别是儒学的营养，同中国固有文化作更大程度的调适，努力建设中国化的伊斯兰教文化。

伊斯兰教在理论上正式汉化始自汉文译者的出现。回族的儒家学者用汉文翻译伊斯兰教典籍，用汉文撰述伊斯兰教理论，根据中国传统文化的精神和中国穆斯林的心理与素养，对伊斯兰教教义作出创造性的解释和

陕西西安化觉寺巷清真寺中轴线上的省心楼，是礼拜前召唤教徒之处。

发挥，使之适应中国的社会环境。这样的理论活动，开始于明代末年，活跃于清代前期，王岱舆、刘智、马注、马德新四大家最负盛名，其中最早的创始者是明末的王岱舆，被推为四人之首，在开创伊斯兰理论发展新局面上有不可磨灭的贡献。

王岱舆，生于明万历十三年（1585），别号真回老人。他在完成经堂教育后刻苦钻研儒、佛、道及百家诸子之学，终成一位博通伊、佛、道、儒四教的大学问家。王岱舆的第一部汉文作品是《正教真诠》40篇，全书贯穿着"以儒解回"的精神。初版刻印于崇祯十五年（1642）；第二部汉文著作《清真大学》是一部系统阐述伊斯兰宗教哲理的专著，围绕着"真一、数一、体一"三大概念展开其理论体系，提出真主创造宇宙的模式：真一（真主）→数一（无极，太极，即媒介物）→阴阳→天地（日月星辰）→土水火气→世界万物。第三

部汉文著作《希真正答》是他弟子伍连城整理编辑而成的，清代只有传抄本。民国时期才正式排印。王岱舆的汉文著作以著为主，以译为辅，以其深刻和新颖在教内外受到普遍重视和好评，满足了汉语学者渴望了解伊斯兰教义的需要，扩大了社会影响。

董其昌开创松江画派

　　明正德、嘉靖的一百年中，以吴门画派为主流，水墨山水画所占比例最大，浅绛次之，重彩绝少，而写意花鸟画有一定分量，人物亦不多见，总的是师承元四家，开始远离生活，讲求笔墨趣味，偶有创获，也只能是表现在大写意和临摹领域方面。

董其昌《昼锦堂图轴》

董其昌《书画合璧卷》

董其昌《山水小景八幅册》（之二）

陈继儒（董其昌挚友）《云山幽趣图轴》

当历史进入明代后期万历年间，绘画又有新的变化，由董其昌扮演主要角色，将中国绘画发展脉络分成王维、李思训父子为代表的南北宗，比附为佛家的南北宗，推崇南宗为"文人画"，有书卷气，是所谓"顿悟"的成果，非功力积累而能致；北宗为"行家画"，承认有深厚的根底，下过苦练功夫，但乏天趣，是所谓"渐修"的后果。

董其昌（1555～1636），字玄宰，号思白，华亭（今上海松江）人，官至南京礼部尚书，他精于鉴赏，富书画收藏，是明代后期的书画大家。董其昌的历史地位与沈周、文征明相等，但在画论上独出心裁，一些画家在其理论指导下，左右上下风从，盛极一时。董氏深明画理，是士大夫中之佼佼者。董氏山水画水墨、浅绛、重彩兼而有之，以水墨为多。自运讲求"生"、"拙"合作处自具风采，从这一点说，他是"发展"了的吴门派，即是所谓文人画的继续。

针对当时画坛出现的弊端，董其昌强调作画的"士气"：要以书入画，"下笔须有凹凸之形"；又强调山水画布局中的"势"，只三四分合而运大轴的章法，简化了宋元以来撷取自然的树石造型，他力主"画欲暗不欲明"的含蓄性与生动性，声称要集古人之大成而自出机轴，以王蒙《青卞隐居图》为母本的《青卞图》、《江干三树图》和据关仝同名画创作的《关山雪霁图》是其传世的水墨画代表作，其中《江干三树图》用泼墨法作平远景，近处老树3株，大墨点作叶，对岸雾山淡墨一抹，笔法拙中带秀，气势赫然。画上自题："王洽泼墨，李成惜墨，两家合之，乃成画诀。"这种以题画诗文阐述画理的方式，是董其昌作画的鲜明特征。设色没骨画《昼锦堂图》卷和小青绿《秋兴八景图》册一般认为是他设色画的代表，或细秀工整，温润醇厚，或淡雅俊丽，沉着痛快。

董其昌最初学画，追随同乡。文人画家顾正谊（1573 ~ 1620，字仲方，号亭林）和莫是龙（? ~ 1587，字云卿），作元人法，又与陈继儒（1558 ~ 1639，字仲醇，号眉公）为莫逆之交，他们爱好相近，艺术兴趣相投，画史习惯按他们的籍贯称之为"松江画派"。他们的艺术主张与创作实践，被后人奉为绘画的正统传派，受到清代统治阶级的喜爱与推崇，影响深远。

董其昌艺术主张的实践者有程嘉燧、李流芳、杨父骢、张学曾、卞文瑜、邵弥、王时敏、王鉴等，他们与董其昌一起被称为"画中九友"。其中的王时敏和王鉴还是清初继承与光大"南北宗"说的得力主将。

明瓷畅销世界

明代的陶瓷工艺，除了景德镇闻名天下的青花瓷外，还有浙江龙泉窑青瓷、福建德化窑白瓷、山西珐花器、江苏宜兴窑紫砂器等瓷器也独具特色。明初郑和下西洋的壮举，虽其主要目的是为了宣扬国威，但客观上使沟通中西的海运达到空前的繁荣，瓷器从海上大量输出到国外。

华瓷是明代具有世界市场的传统产品。发色明艳、幽靓雅洁的青花瓷，在永乐，宣德年间已成一代奇葩，行销旧大陆。当时外销瓷式样繁多，双耳扁瓶、双耳折方瓶、天球瓶和盘座、有梁执壶、

五彩凤纹镂空瓶（万历）

八角烛台是当时创新之作。永乐年间烧制的青花盘座，上下两端敞口成喇叭形，瘦腰中空，用于承放花盆、水罐。永乐、宣德时期，景德镇烧造的青花瓷土已开始使用回文（阿拉伯文、波斯文）和梵文作为装饰图案，正德年间的"回器"，更在盘、碗、笔山、炉、盒、深腹罐上采用阿拉伯文、波斯文铭文。伊斯兰繁褥的缠枝图样和变幻无穷的几何形纹饰，更成外销青花瓷不可或缺的装饰，流风所被，同一时期各地民窑所造青花瓷也竞成风尚。

　　明代烧造青花瓷的呈色剂钴蓝，大多从伊斯兰进口的原料，是永乐、宣德制造青花瓷的上等色料，因来自索马里而称作苏麻离青。15世纪以来，青花瓷、青白瓷已代替青瓷，成为外销瓷的主流。明代青花瓷大量运销亚、非、欧、美各地，海运路线往

五彩龙纹瓶（万历景德镇窑）

亚、非各地，陆上更有骆驼商队输往中亚和西亚、伊朗的阿德比尔神庙和土耳其伊斯坦布尔东南的塞拉里奥宫是收藏华瓷的精萃之所，位于伊朗古都大不里士以东阿德比尔德的阿德比尔神庙，是为纪念1502年统一伊朗的萨法维朝先祖而立。阿巴斯王（1587～1628）在1611年将珍贵的中国陶瓷1600多件献给神庙，其中华瓷1162件，辟有专室收藏。现归德黑兰考古博物馆珍藏的仍有805件，藏品中以元青花瓷35件，明青花瓷581件，明代五彩瓷23件，最为世瞩目，土耳其的塞拉里奥宫收藏明代的青花瓷有2500件以上。

　　在红海、亚丁湾和东非沿海的考古发掘中，明瓷是不可或缺的常见出土物，从14世纪到16世纪，由中国运去的白瓷、青瓷、酱釉和青花瓷，在1963年完成东非海岸的系统发掘和调查时，已有了十分可观的收获。1963年在南非德兰土凯海岸的4处居民点，特别在圣·约翰附近和姆西卡巴，都发现了15世纪到16世纪初期，相当于明代初期和中期的青花瓷片。索马里的摩格迪沙大量使用青花白瓷，已被出土物所证实。出土青花瓷碗直至15世纪末，一直处于显著地位，说明了当地居民普遍乐于采用。当地发现的祭红瓶，被发掘者坎克曼认为是中国郑和宝船队赠送的礼品。在坦噶尼喀的基尔瓦·基西瓦尼，亦即明代历史上有名的麻林苏丹国的首都，出土的明瓷足以说明，在姆里马

地区华瓷已经压倒伊斯兰陶瓷。

推拿定名

　　在明代，将前代按摩术易名为"推拿"。

　　明代推拿主要是小儿推拿，代表作是龚廷贤的《小儿推拿秘旨》和周于蕃的《小儿推拿秘诀》。

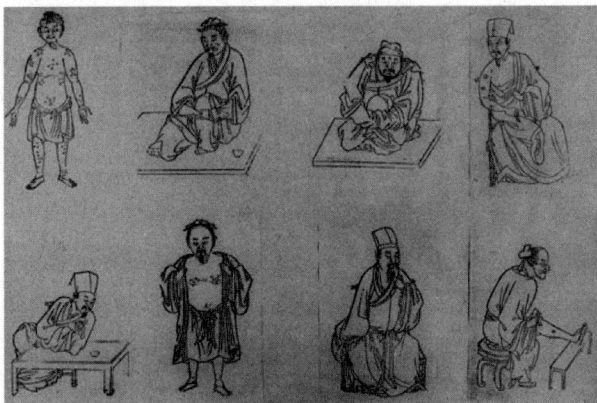

　　龚廷贤，字子才，号云林、悟真子，江西金溪人，约生活于十六七世纪。世代业医，他随父习医，又访贤求师，遂从医术闻名。后被选任太医，

明代王思义《三才图会·身体图会》一书中的几种疮疡图

获"医林状元"匾额。生平撰述内、外、妇、儿各科医书 10 余种。其中刊于万历三十二年（1604）的《小儿推拿秘旨》是现存较早、较完善的小儿推拿专书。他认为小儿"体骨未全，血气未定，脏腑薄弱，汤药难施"。因而推拿术对小儿保健医疗更具有其独特的疗效。书中穴位与推拿治法还用歌诀表述，言简意明，易记可用。此外，药物疗法也有所记载，是一部具有较大实用价值的儿科著作。

　　周于蕃，字岳夫，蒲圻（今届湖北）人。通晓医理，尤精推拿术。其《小儿推拿秘诀》撰成于万历三十三年（1605），以指代针治疗婴儿疾病，甚为后世儿科学家所推重。书中论述推法、拿法、阳掌（掌面）诀法与阴掌（掌背）诀法，介绍了手上推法九则的名称、功用和操作，还简明扼要地指出"身中十二拿法"的穴位与功效。周于蕃临床诊治小儿病也颇具特色，他常用葱姜汤推，用艾绒敷脐，用葱捣细捏成饼敷贴穴位进行治疗。清代名医张振鋆

参订周于蕃之书为《小儿按摩术》，并据此改编写成《厘正按摩要术》一书。

妖书之狱起

万历三十年（1603），皇长子朱常洛被立为太子后，在内阁大臣朱赓寓门外发现一书，名为《续忧危竑议》，其书措词诡妄，时人视为"妖书"。妖书已不是第一次出现，因而神宗大怒，诏令厂卫广捕奸人，遂兴大狱。

此前，在万历十八年（1590），山西按察使吕坤曾撰有《闺范图说》一书，送入宫中后，神宗以赐郑贵妃，贵妃喜而重刻之。事隔数年后，万历二十六年（1598）秋，京师忽然行无名氏所撰的《闺范图说》跋，名为《忧危竑议》，该文大意说：此书首载汉明帝皇后马氏由宫人而进位中宫，意在暗示郑贵妃将为皇后；而郑贵妃重刻此书，目的是欲立己子常洵为皇太子。并进一步攻击吕坤与贵妃勾结成党。后经吕坤辨明，神宗置之不问。

至是又出现《续忧危竑议》一书，该书假托"郑福成"为问答，说帝立东宫，出于一时无奈，将来必有变更，现用朱赓为内阁，"赓""更"同音，可见帝心已寓更易太子之意。而"郑福成"三字，显指郑贵妃与福王，"成"字是当承大统。于是众人视为妖书，慌忙呈上御览，神宗敕有司索捕奸人，于是厂卫在京中大肆搜捕，都城人人自危。

在此案中，郭正域等廷臣也被牵连在内，有的被捕下狱，严刑讯问；有的革职为民，勒令归家；家属无辜，也遭株连。后来东厂捕得"妖人"皦生光，逼其承认是作者。明年（1604），磔皦生光于西市；妻子戍边，郭正域等免去牵连，妖书一案至此方才结束。但妖书作者始终未明，而朝廷内部的斗争更未因此而停止。

绘画南北宗论出现

明代的绘画理论出现了"南北宗论"，仿照佛教禅宗的做法将中国山水画分成南北二宗，分别列出画家的姓名、创作的形态差异以及作品风格的不同。

这种理论的始创者应是莫是龙和董其昌。

万历三十四年（1606）刊行的莫是龙的《画说》中写道："禅家有南北二宗，唐时始分；画之南北二宗，亦唐时分也，但人非南北耳。北宗则李思训父子著色山，流传而为宋之赵干、赵伯驹、伯骕啸以至马、夏辈。南宗则王摩诘始用渲染，一变钩斫之法。其传为张璪、荆、关、郭忠恕、董、臣、米家父子，以至元之四大家。亦如六祖之后，马驹、云门、临济儿孙之盛，而北宗微矣。要之摩诘所谓云峰石迹，迥出天机，笔意纵横，参乎造化者。……"莫是龙将山水画南北二宗的演变过程与代表画家列举出来，这是绘画南北宗论的最早出处。

董其昌也主张南北宗论。他在总结文人画历史的发展过程中，取禅宗作譬喻，倡导"以画为寄"、"以画为乐"的主体精神，号召文人士大夫画家"穷工极研，师友造化"。以真率、简约、士气的美学品格，重现理想的文人画的精神，体现出清醒的历史使命感。

对于"南北宗论"是否合理的问题，历代对此臧否纷纭。批评者认为"南北宗论"概括画史不完全符合历史事实，而且造成了宗派论。这种批评不无道理。但这个理论对于明清时的文人画发展产生了积极的影响。清代竟然将南宗奉为独一无二的山水画正脉予以鼓吹。这件事本身就说明了"南北宗论"深刻的理论意义和历史作用。

莫是龙手书《五言绝句》

汤显祖完成临川四梦

明万历年间（1573 ~ 1620），著名戏曲作家汤显祖完成"临川四梦"。

汤显祖（1550 ~ 1616），字义仍，号若士，临川（今江西临川）人，出身书香人家，曾受学于进步思想家罗汝芳，结交反对程朱理学的达观禅师和李贽，他们的影响在很大程度上构成了汤显祖在创作中所表现出来的反抗和蔑视权贵，揭露政治腐败及要求个性解放的思想基础。宦途的波折使他进一步认识了官场的黑暗，晚年又受了佛家消极思想的影响，从此绝意仕进，隐居写作。

汤显祖的主要创作成就在戏曲方面。28岁时作第1部传奇《紫箫记》，10年之后改编成《紫钗记》。49岁时撰《牡丹亭》。罢官归里后又作《南柯记》、《邯郸记》。《紫钗记》、《牡丹亭》、《南柯记》和《邯郸记》合称"临川四梦"，又称"玉茗堂四梦"。

《牡丹亭》是汤显祖的代表作，也是他的思想和艺术同时臻于成熟时的作品。主要内容是：杜丽娘怀春而死，书生柳梦梅进京赴试，借宿她的墓地梅花观，与她的阴灵幽会，于是掘墓开棺，杜丽娘起死回生，他们结为夫妻。同去临安，柳梦梅中状元。杜丽娘的父亲杜宝反对他们的婚姻，后因皇帝调解，有情人终成眷属。作品具有强烈地追求个人幸福、反对封建婚姻制度的浪漫主义理想，揭露了封建礼教对人们美好理想的摧残，歌颂了青年男女为争取自由结合的爱情而勇敢斗争的精神。《牡丹亭》是汤显祖把传说故事同明代社会现实生活结合起来的典范，是一部具有浪漫主义精神的杰作。

如果说《牡丹亭》主要表现汤显祖对至情理想的追求，那么其他"三梦"就是表现他对专制主义、封建权贵的批判，以及对唯利是图、尔虞我诈梦魇般黑暗官场的揭露。

《邯郸记》根据唐沈既济传奇小说《枕中记》改编而成。作品描写卢生在梦中从一无所有到富家小姐以成婚为条件用钱财买通司礼监和当朝权贵而及第状元，用鬼蜮伎俩建立了彪炳的功业。作者揭露了科举制度的腐败，抨击了统治阶级的荒淫奢侈及官场的倾轧、黑暗。《邯郸记》篇幅短小精悍，曲词自然简练，耐人寻味。

《南柯记》根据唐李公佐的传奇小说《南柯太守传》改编。主要内容描写醉汉淳于棼利用瑶芳公主的关系官位升至左丞相，最初在仕途上有所建树，

汤显祖像

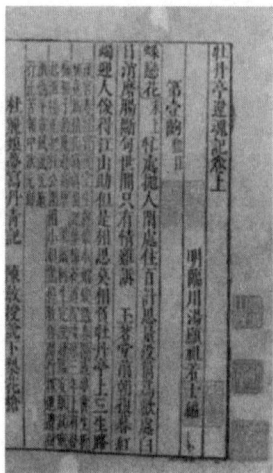

明万历刻本《牡丹亭还魂记》

而最终在官场倾轧中堕落。作者运用谈玄礼佛的描写，以佛道思想来处理淳于棼的权欲问题，这与作者晚年受宗教思想影响有关，给作品带来了虚幻的色彩。

《紫钗记》根据汤显祖早期的作品《紫箫记》修改而成，取材于唐人传奇小说《霍小玉传》，主要描写霍小玉和李益借坠钗、拾钗的机会，建立了感情，专横的卢太尉从中作梗，黄衫客豪爽任侠成全了他俩。作者善于创造氛围、生动描写人物的心理，成功地刻划了霍小玉的一往情深、李益的文雅多情、黄衫客的仗义相助、卢太尉的专横自私等等。

汤显祖是明代戏曲史上最杰出的戏曲家。"临川四梦"流溢着浓重的悲剧情调，透露出清代文学感伤主义的先声，这种感伤主义在后来的《长生殿》、《桃花扇》、《红楼梦》中表现得尤为浓烈。

明朝

1611A.D. 明万历三十九年

五月，御史徐兆魁劾东林讲学诸人，首诋顾宪成。

1614A.D. 明万历四十二年

三月，皇子福王常洵之国洛阳，赐庄田二万顷，河南田不足，以山东，湖广田益之。

1615A.D. 明万历四十三年

"梃击案"发生。努尔哈赤建八旗牛录制度。

1617A.D. 明万历四十五年　后金天命二年

是岁正月朔，努尔哈赤尊号，国号金，金后改清，是为清太高祖高皇帝。

1618A.D. 明万历四十六年　后金天命三年

四月，金帝以七大恨告天，起兵反明，取抚顺。五月，金陷抚安等十一堡。

1619A.D. 明万历四十七年　后金天命四年

正月，金帝攻叶赫，取屯寨二十余。

三月，杨镐所督西路兵与金兵战于萨尔浒，　大败，总兵官杜松等死之，北路兵大败于尚间崖、裴芬山，监军潘宗颜等死之，东路兵大败于阿布达里纲，总兵官刘綎等死之。改命熊廷弼经略辽东。

1620A.D. 明万历四十八年

明光宗贞皇帝朱常洛泰昌元年后金天命五年八月，常洛即位，是为光宗贞皇帝，光宗病，服李可灼所进红丸药，九月朔死，于是廷臣大哗，是为"红丸案"。

1613A.D.

二月，俄罗斯国民会议在莫斯科举行，罗曼诺夫家族之米海伊尔当选为沙皇。七月加冕，俄罗斯自此在罗曼诺王朝统治下，直至1917年。

1615A.D.

三月，日本德川家康再攻丰臣秀赖于大阪，五月，城破，秀赖自杀，丰臣氏亡。

西班牙塞万提斯之《堂·吉诃德》全部出版。

1618A.D.

开普勒发表行星运动之定律。"三十年战争"自此起。

1620A.D.

约有清教徒一百人因在英国遭受迫害，避地荷兰数年，今年乘"五月花"号渡海来美。

李三才入阁·党争激化

明神宗万历三十九年（1611），内阁缺人，东林党人便举荐户部尚书李三才入阁。

李三才（？～1623），字通甫，北直隶道州（今北京通县）人，进士出身，本凤阳巡抚，以右佥都御史总督漕运。在任期间，坚决反对矿税，又竭力制裁山东税监陈增及其党羽程守训，深得民心，颇有政绩。他广结天下朋友，与东林党领袖顾宪成交情深厚。

此时，齐、楚、宣昆、浙等诸党趁神宗皇帝不理政事，诸大臣又软弱无能的时机，联合反对东林党士臣。而李三才被举荐入阁的事，便成为党同伐异的契机，即刻引起轩然大波。

工部郎中邵辅等人急急上疏皇帝，弹劾李三才，反对他入阁。既而聚众控讼的情况越演越烈，竟达几个月不止。后来齐、楚诸党还控告他盗窃皇室木材建筑私房，侵占官厂基场等。李三才只好上疏请求去官归里，先后共16次，但神宗不理不睬。李三才万般无奈，不待批准，自行引退。

于此同时，东林党与其他诸党的斗争日趋明朗化、白热化。先是宣昆、齐、楚、浙诸党散布谣言，欲除王国、王图兄弟和孙丕扬。孙丕扬等则先行将"宣昆"诸党的一批人，或罢免，或降职，或调外。这遭到宣昆、齐、楚诸党的猛烈攻击。掌京畿道御史徐北魁不仅弹劾孙丕扬以及支持孙的丁元荐等，还将矛头直指顾宪成，指责他"勾结淮抚李三才，专以浒墅关税为书院经费，大肆接受贿赂"等等。第二年，顾宪成去世，诸党对他的攻击直到明朝灭亡才结束。而孙丕扬连上20余疏请辞官归隐得不到批准时，也在这一年挂冠而去。

万历四十一年（1613），上疏党同伐异，为东林党人辩白的户部郎中李朴，遭到齐、楚、浙诸党群起攻击，被贬为州同知。万历四十三年（1615），再次上书为东林党辩诬的李三才，在第二年十一月被削职为民。

福王就藩

万历四十二年（1614），福王就藩。

早在万历二十九年（1601），神宗就封朱常洵为福王，藩国洛阳。只因朱常洵的生母——神宗宠妃郑贵妃的请求，才屡屡改期，迟迟不赴藩国。内阁大臣叶向高为此封了手敕，太后也下谕扣止，福王才决定在四十二年三月二十四日就国洛阳。

位于河南新乡凤凰山南麓的、死于1614年的潞简王朱翊镠墓。

就藩之前，福王婚费开支30万，营造洛阳宅第28万，都已10倍于常制，又专设官店于崇文门外，供福王府享用。万历四十一年，请赐庄田4万顷，神宗应允，并传旨指示福王庄田非4万顷不可。叶向高上疏，说亲王庄田4万顷有悖常制，如果亲王都割去一大府，全国土地将全为亲王拥有，势必滋扰天下。神宗对此非常不满，说："庄田自有成例。且今皇太子和福王的地位皆已确定，何必再生猜疑！"后来廷臣屡次谏请，才减半至2万顷。于是福王尽得河南肥沃的田地，河南不足，又增山东、湖广的田地，后因湖广也不足，就减少1000顷，实得19000顷。神宗又答应将所没收张居正的田产拨给福王，江都（今扬州）至太平（今安徽当涂、芜湖等地）沿江荻州杂税，以及四川的盐银、茶银，还有淮盐1300引，并在河南设店销售。从此河南不能再食河东盐，改食淮扬盐，而且只能买福王店所出，使得河东盐引不行，边饷日渐紧缺。河南也在专卖情况下，货价昂贵，陷入公私交困的境地。

生母受宠，福王得势。神宗虽然不理朝政，但对福王的要求总是尽量满足。有时福王一日数请，神宗都是有求必应。在福王临行时，神宗还将税使、

矿监历年进献的珍宝全部送给了他。

福王就国洛阳出京之时，船只1170艘，士卒1100人，前簇后拥，声势浩大，盛况空前。押运宝物的官校们一路杀人抢劫，沿途百姓怨声载道，叫苦连天。

努尔哈赤称汗

明万历四十四年（1616）一月一日，女真族（满族）首领努尔哈赤在赫图阿拉（今辽宁新宾西老城）称汗，年号天命，国号金，史称后金。他就是后来的清太祖高皇帝。

早在万历二十九年（1601），随着女真族势力的日渐壮大，努尔哈赤就建立了黄、白、红、蓝4旗，后又于万历四十三年（1615）增建镶黄、镶白、镶红、镶蓝4旗，共计8旗，完善了"八旗制度"。这种制度符合当时社会经济发展的状况和不断扩张势力的要求，实行兵农合一，全体女真族成员都统称"旗人"，严格按旗、参领、佐领编制，平时从事农业生产，战时入伍作战。这种社会组织形式，具有生产、行政，军事三种职能，女真族在这种制度下更是如虎添翼，迅速兴盛强大起来。

为清朝立国奠定了基业的努尔哈赤

努尔哈赤还规定了许多行军作战原则，如行军时，看地形而变，地广就八旗并列，地窄就合为一路，灵活机动；作战时，以长矛大刀为先锋，擅长射击的从后面冲击，精兵不得下马，相机接应。另外在胜利后，实事求是地考察功劳。

收在《满洲实录》中的努尔哈赤《建元即位图》

他又设置了听讼大臣、佐理等官职，分工明确，并确立每五日视朝，听

取奏议的制度。另又创文字，实行屯田，开采矿藏。这些都为他第二年的即位做了准备。

努尔哈赤的即位，标志着后金的迅速崛起强大。即位时他曾致书朝鲜国王，说朝鲜如果日后再援助明朝，他一定以刀兵相见，表明他有很强的雄心和实力。自此后金成为明王朝在东北的主要威胁力量。

他即位后，继续扩张自己的势力，日益加强与明王朝的对抗，为建立大清王朝打下了坚实的基础。

汤显祖去世

万历四十四年（1616），明代著名剧作家、文学家汤显祖逝世，为后人留下了不朽的四大传奇剧"临川四梦"。

江西文昌汤氏宗谱

汤显祖（1550～1616），字若士，又字义仍，别号清远道人，江西临川人。万历十一年（1583）中进士，授职南京太常博士，又官至礼部主事。汤显祖忠诚正直，敢直言进谏。万历十八年（1590），神宗对言官严加斥责，汤显祖当即抗疏进谏，指出神宗不慎用爵禄，不亲临朝政等失误。神宗见疏后大怒，将他贬为徐闻典史，后又迁为遂县知县。万历二十七年，汤显祖被彻底夺官，从此家居，致力于文学、戏剧的创作研究，成为继元代关汉卿之后又一戏剧巨匠。他所著

汤显祖墓

的《牡丹亭》、《紫钗记》、《邯郸记》、《南柯记》，合称为"临川四梦"，历来评价甚高。其中代表作《牡丹亭》，有极重要的文学、史学价值，影响很大，至今上演不衰。汤显祖自己也认为"一生四梦，得意处惟在牡丹"。在戏剧理论方面，他反对沈璟拘泥于曲律的复古守旧倾向，他所开创的文词风格得到广泛地肯定，为后来戏曲作家所摹拟，可以说他是"临川派"或"玉茗堂派"的开祖。他另著有诗文《玉茗堂全集》。

余继登撰《典故纪闻》

　　万历间，王象乾刊刻余继登撰《典故纪闻》18卷。

　　余继登，字世用，交河（今河北泊头市）人。万历五年（1577）进士，累官至礼部尚书，曾充任过《明会典》副总裁。此书就是据实录和起居注中有关治道资料摘编的。卷一至卷五为洪武朝，卷六至卷七为永乐朝，卷八为洪熙朝，卷九、十为宣德朝，卷十一至卷十三为正统、景泰、天顺朝，卷十四卷十五为成化朝，卷十六为弘治、正德朝，卷十七为嘉靖朝，卷十八为隆庆朝。除政治，经济及典章制度外也记述了一些社会情况。由于余继登熟悉列朝实录及起居沦，再加上他的耳闻目睹，因而本书所记多为其他书所未有。

民众抄董其昌家

　　万历四十四年（1616）三月十五日，"民抄董宦"。

　　著名画家董其昌，为人不正，是上海一带有名的官僚恶霸地主，他家有良田万顷，纳税不过三分。他的儿子董祖常和豪奴陈明等人，依仗他的权势在乡里无恶不作，占夺民田，拆毁民房，奸淫民女，伤害民命，民愤极大。对此，董其昌父子不但不自思其过，反而继续为非作歹。本日，董其昌在家无端辱骂邻里，甚至纵容董祖常带领陈明等人，殴辱

董其昌《秋兴八景图册》（之四）

生员范启宋之妻与其家仆妇，裸其体，拔其发，且及下体，致血流如注。松江、上海、青浦各地群众闻讯，忍无可忍，不约而聚集起来者多达万余人，他们散传单，贴布告，愤怒声讨"兽宦董其昌，枭獍董祖常"的罪行，并放火将董其昌和陈明的房子全部烧毁，互相传唱"若要柴米强，先杀董其昌"的歌谣。史称"民抄董宦"。

《外科正宗》刊行

万历四十五年（1617）七月十五日，陈实功著《外科正宗》4卷刊行。

陈实功（1555～1636），字毓仁，号若虚，崇川（今江苏南通市）人。《外科正宗》是陈实功行医40多年辛勤劳动的结晶。全书4卷，卷1是记述外科常见病的病源、诊断、治疗及调理、禁忌；卷2至卷4为脑疽、脱疽肺痈、疔疮、瘰疬、痔疮、杨梅、金疮、雀斑、冻疮、肾囊、汤疮、

明代铁质柳叶刀（外科手术用·1974年江苏省江阴县明代墓葬出土）

火烧、疰瘶、癫疯、白癜风、白秃疮、误谷针铁骨哽咽喉、自刎断喉等等100多种外科常见病、每病的病理、证状和治疗，有的还有实例，并有30多种插图，详细描述了各种病的部位及形状。书中还有口腔、肿瘤、耳鼻喉、皮肤等科病的病例，还有手术记录如气管缝合、咽喉食道中异物的取出、鼻息肉的摘除等。《外科正宗》是我国古代外科医学最高成就和代表著作。书后附有"五戒十要"，是医家医德的典范教材。

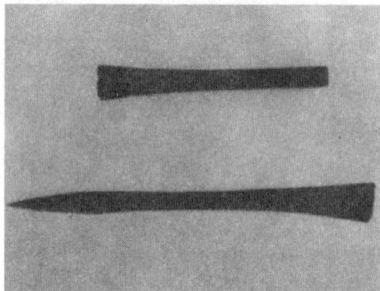

努尔哈赤誓师攻明

万历四十六年、后金天命三年（1618）四月，爱新觉罗·努尔哈赤以"七大恨"告天，正式叛明。七大恨的内容，除了对自己的父祖无罪被诛表示怨愤之外，

同时对汉人越界挖参，影响满人生计；辽东边将迫逐他的边民离开田亩，丢弃房产；以及明朝袒护叶赫，使他受尽委屈等事，更是深致责备之意。四月十五日后金步、骑围攻抚顺城，明军游击李永芳投降，守城千总王命印战死，抚顺东册、玛根、丹三城以及台、堡、寨共500余座悉为后金兵所占据，全城遂陷，后金兵将城中居民尽驱赶到广宁城。同月二十一日，明军广宁总兵官张承荫率副将颇廷相、参将蒲世芳、游击梁汝贵等诸营兵援抚顺。后金兵乘胜奋击，张承荫、蒲世芳力战身死，颇廷相、梁汝贵突围后见失主将，亦奋战阵亡。明军将士死亡万余人，幸免者十无一二。消息传到北京，举朝震骇。

努尔哈赤穿用的甲胄

次月（闰四月），明廷起杨镐为兵部左侍郎兼右金都御史，经略辽东，筹措辽饷300万两，加强防御，阻遏后金兵。七月，后金兵进围清河堡城，守城副将邹储贤率万人固守，后金兵树云梯登城，储贤战死，清河堡陷，遂失辽东屏障。明廷急檄调山海关、保定、铁岭、大同、广宁、开原诸路兵马赴援。援兵尚未出关，神宗赐杨镐尚方剑，诏斩总兵以下官。于是清河逃将陈大道、高炫被斩于军中。直至入冬，四方援兵始集。

努尔哈赤征明首战告捷，士气大振。往返回赫图阿拉后，论功行赏，并酝酿对明朝的再次征战。

应付辽东军饷·天下田赋加派"三饷"

万历四十六年（1618）九月，辽东军饷缺乏，神宗令加派天下田赋应急。

嘉靖时，"东南被倭，南畿、浙、闽多额外提编，江南至四十万。提编者，加派之别名也。"但那时都只限于局部地区。明末"三饷"加派则在全国范围内进行。所谓"三饷"，即

萨尔浒大战的遗物——明代铁炮

辽饷、剿饷、练饷，是为了对付辽东战争和镇压全国各地农民起义而加征全国田赋的一项苛政。由于调集各路兵马抵御后金兵的进击，辽东军饷奇缺，本月户部奏请援引征倭，征播例，浙江等十二布政司及南、北直隶，每亩加征银 3 厘 5 毫，计可征加派额银 200 万余两，神宗允准。十二月下令禁止地方有可征"耗羡"（加耗之外抵补实际损害之剩余部分）。次年二月，再加田赋，于旧额之外，加 3 厘 5 毫。四十八年（1620）三月，又令于旧额 7 厘外，再加田赋 2 厘。前后 3 次，共加田赋 9 厘，增赋 520 万两，且定为岁额。剿、练二饷，则出现于崇祯朝。

金军大败明军于萨尔浒

万历四十七年（1619）三月，明军与后金战于萨尔浒，明军覆没。

本年正月，后金征叶赫。时明军援辽之师大集，恰遇叶赫告急求援，杨镐逐于二月在辽阳誓师，分兵 4 路，期藉此消灭后金，解除东北边防威胁。

本月，杨镐分兵出击，杜

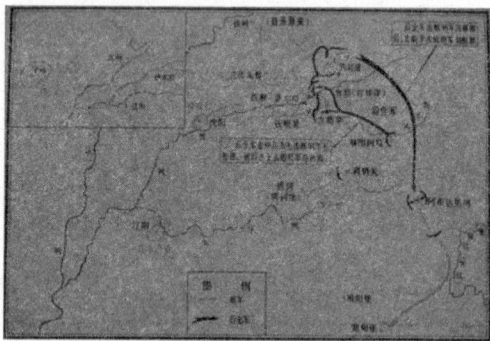

萨尔浒之战作战经过意图

松想立首功，先渡浑河，连克 2 小寨，乘势赴萨尔浒山谷口。努尔哈赤侦知明军分布，集八旗兵 6 万，乘明军部署未定，设伏以击。先于界藩山吉林岩击破杜松军 3 万，杜松战死，乘胜回击马林于飞劳山，明军败溃，叶赫军惧而逃遁。杨镐得两路败报，急檄止李如柏、刘綎两军。此时刘綎已进军深入 300 里至深河。努尔哈赤设计诱刘綎进入伏击圈，前后夹击，刘綎死战，全军覆没，朝鲜援军亦投降。

这次萨尔浒大战，明军损失惨重，后金军势大振，又于六月、八月先后攻陷开元、铁岭，马林战死。从此，后金兵开始了长驱直入征讨明朝的掠夺之战。

明神宗逝世葬于定陵

　　万历四十八年（1620）七月，神宗朱翊钧去世。十月上庙号神宗，葬定陵。

　　神宗年仅 21 岁，就开始选择寿宫。次年开工、经过 6 年才完成。神宗对自己的寿宫颇注重，亲自规划，很多地方模仿他祖父世宗的永陵。永陵是明十三陵中用时最久，役力最多，花费最大之陵，而定陵有些地方的硕大、精致还有过之。神宗在位 48 年，于 1620 年逝世，葬于定陵。同年去世的孝端皇后，及光宗的生母皇贵妃（改号孝靖皇后），也同葬于此。

　　神宗曾将北京房山县大房山金代陵寝捣毁，清人自称金人后裔，入关之后进行报复，将定陵严重破坏。

乾隆五十年（1785）曾整修过 1

地宫明神宗宝座

定陵明楼夕照

地宫后殿

051

次，把殿堂改小。民国三年（1915），定陵遭回禄之灾，陵恩殿被烧毁。日本侵华，陵恩门也遭破坏，只剩宝城埋在地下未遭损坏。

宝城之内是玄宫，亦称地宫，是陵寝的地下建筑，也就是帝后的梓宫所在。玄宫是座构造复杂的砖石构建筑，从明楼之后，先经过砖铺的砖隧道，及花斑岩筑的石隧道，来到了金钢墙，金钢墙以城砖铺成。过了此墙即为隧道券，也就是玄宫外面第1室，地面铺设石条，由隧道券西壁稍往里走，就是前殿大门了。此门为全部石雕的券门，

定陵地宫中殿

两扇石门以整块汉白玉（白大理石）作成，洁白无瑕，光润异常。上刻有乳丁状门钉，衔环、上下门轴也以原石雕就。

前殿是间长方形券室，东西长20公尺，南北宽6公尺，高7.2公尺，南北2壁以石条平砌，地铺方形澄浆砖。过了前殿又是一道石门，与第1道相同，然后才进入到中殿。中殿构造与前殿相同，但东西较长。殿内西端有宝座3个，座前有5供，中央置香炉，炉内有檀香木圆香1柱，两侧有玻璃烛台。5供前有长明灯1盏，当然早已不明了。中殿的南、北壁各有一小券门通左右配殿，配殿以石条铺造，中央靠北处有宝床。

经过中西殿壁又有1座石门，过此石门则是后殿。后殿规模较前2殿稍大，四壁均以石条平砌，地铺花斑石。殿中部偏西有汉白玉作的宝床（棺材）1座，床面平铺花斑石，上放棺木3具，中间是神宗皇帝，右边是孝端皇后，左边是孝靖皇后。

墓内随葬器物虽量多质精，但保存不佳，很多需要修复。随葬器物主要分布在后殿，其他各殿也有一些零星东西。这些随葬品主要分冠服、金银器、玉器、葬仪用具等几类。冠服最重要的是金冠和凤冠，金冠置神宗皇帝头侧的圆盒内，翼善冠形，全部用极细的金丝编结，饰有2条金龙。凤冠置于孝端皇后梓宫北面5只朱漆木箱内。

金银器包括金的脸盆、壶、盂、香盒、粉盒、碗、盘、匙等，有的刻纹饰，

帝国落幕中的文明

有的镶珠宝。银器很少，仅盘、提梁壶几件，玉器包括玉料及各种玉制日用品、玉佩、玉带等。比较重要的是8件玉圭，其中两件用黄锦包住放在织锦袋内，再装进描金皮匣中，置神宗头上。这2件玉圭上尖下方，刻四山纹，是帝王祭天地宗庙的镇圭，乃一朝重器。其他几件体积略小。

葬仪用具有谥册、谥宝、墓志、木俑、铜锡明器等。

陈第认识到古今音不同

对古音学的研究，是从后人读先秦的韵文感到不押韵的时候开始的。宋代以前对于此种韵文上下押不上韵的现象，一般认为一个字临时可以有不同的读音，并用叶音、协句来解释。明时，陈第第一个明确提出这种现象的发生是由于古今语音的不同所致，从而引致了古音学的一场变革。

陈第（1541 ～ 1617），字季立，号一斋，明连江（今属福建）人，万历时秀才，曾师从俞大猷学兵法。善诗文而尤善音韵。

首先，陈第彻底批评了"叶音"说。针对宋以前对古音的认识和解释，陈第从研究《诗经》入手，认为《诗经》无所谓叶韵，宋人所谓叶韵的音，恰恰为古人本有的读音，并举例加以阐明。认为"母"古音本读"米"，所以常与"杞"、"止"、"祉"、"喜"押韵；而"马"古音本读"姥"，因此又常与"组"、"黼"、"旅"、"土"押韵，如此等等。陈第最早悟出了古音转移变化的道理，即"时有古今，地有南北，字有更革，音有转移，亦势所必至"。极力批评宋以前的一个字可任意改读叶音的错误观点，并确定了一条重要原则：在同一时代、同一地域，同一个字之读音是统一的。因此，陈第对古音学的研究成绩被后世誉为古音学的开创之作。尤其是其第一个明确提出的古今语音不同的观点对后世音韵学的研究颇有影响。

其次，陈第确定了研究范围，发明了新的研究方法。陈第具有明确的历史观念，

明代用于熬制膏药的膏药锅

他认为古音研究的下限是秦汉，主张以《诗经》、《楚辞》等先秦韵文为古音研究的材料。他的《毛诗古音考》主要采用由个别到一般的归纳法来研究先秦古音，并创立了"本证"（即《诗》自身相证）、"旁证"（即用它书相互印证）的正音方法。他用这种方法考证了 600 余个古字的读音。

陈第是明代研究古音最有成就的音韵学家，他第一个明确提出语音发展的观点，彻底推翻了流行了很久的"叶音"之说，从观念上和方法上为古音学研究开辟了新路，具有划时代的意义。陈第的古今音不同说被近代大学者王国维盛誉为古音研究史上的三大发明之一。

熊廷弼经略辽东

万历四十七年（1619）三月，经略辽东杨镐三路丧师时，朝廷以熊廷弼熟悉边事，即命其为大理寺丞兼河南道御史，宣慰辽东。同年六月二十三日，神宗以杨镐无能不堪重任，罢其职，升熊廷弼为兵部右侍郎兼右佥都御史，经略辽东。熊廷弼慨然从命，以尽忠报国，效死疆场为己任，立即上疏朝廷，说：辽东为京师肩背，河东为辽阳腹心，开原系河东根本，欲保辽东则开原必不可不收复。请令从速调兵遣将，备好粮草，修造器械，及时供应。并请给予便宜行事。神宗一一

熊廷弼像

如其请。赐尚方宝剑，以重事权。熊廷弼得旨离京抵山海关时，得知铁岭亦已为后金军队所占领，沈阳及诸城堡军民一时纷纷逃走，辽阳也岌岌可危。他毫不畏惧，日夜兼程，于八月三日赶到辽阳。入城之后，熊廷弼雷厉风行，诛斩逃将、贪将，奏免铁岭总兵官李如桢，并亲自巡视城防，督造战车，治火器，修城池，招集流民，积极备战。后来又请调兵 18 万人，分布于抚顺等要口。神宗亦俱可其奏。自是，辽东人心暂时稍为安定。

万历四十七年（1619）十一月二十四日，熊廷弼上书奏陈辽东战事方略：今日制敌之策有三：一是收复失地，二是出兵进剿，三是因守险要。收复、

进剿为时过早，上策应是固守，派重兵布防清河（今本溪）、叆阳（今凤城东北）、抚顺、三岔河等各个险要之地，积极防御，以守为战。并具体陈述了各地军事形势、兵员配备及制敌方略。同时提出为了便于征行居守，对付后金10万名军队，需要招募和征调官兵18万人，马9万匹。每名士兵年饷银18两，18万人，该银324万两。又每名土兵月给米5斗，该粮108石。马每匹日给豆3升，9万匹，该豆972000石；草每日一束15斤，每年除4个月有青草可食不给外，8个月共该用草2160万束，若小束则倍之。此皆不得裁减。神宗从其言。熊廷弼"自按辽即持守边议，至是主守御益坚"，"亦有斩获功"，取得了局部性胜利。

朱由校即位·"移宫案"发生

泰昌元年（1620）九月一日，光宗病逝，年已16岁的皇长子朱由校当立为新君。其时光宗选侍李氏仍居乾清宫，朱由校居住慈庆宫。李氏与宦官魏忠贤互相勾结，企图利用朱由校年幼，独揽大权，因而不肯移居出乾清宫。九月二日，都给事中杨涟首先发难，上疏反对李氏继续居于乾清宫；劾其对皇长子无礼，不可将皇长子托付给她。御史左光斗也上疏，说内廷的乾清宫，如同外廷皇极殿，只有皇帝的

朱由校（熹宗）像

皇后才能居住。请李选侍移居于宫妃养老的地方仁寿宫内的哕鸾宫。李选侍得到左光斗奏疏之后大怒，数次遣使召左光斗拒不赴见。李选侍益怒，要朱由校议处，朱由校认为左光斗所言极是，催促选择吉日良辰移居宫。经过杨、左等人力争，九月初五日李选择移居哕鸾宫，皇太子朱由校复还乾清宫。是时宫府危疑，给事中杨涟与大学士刘一燝、吏部尚书周嘉谟定大事，言官只有左光斗积极相助，其余均听杨涟旨意，故一时论移宫者首称"杨、左"。

中华文明

帝国落幕中的文明

朱载堉创十二平均律

明代末年，朱载堉创立十二平均律（又称"新法密率"），彻底解决了中国律学史上自先秦以来的，探索十二律旋宫问题的所有矛盾。

朱载堉（1536～1611），明代乐律学家、历算家，河南怀庆府（今沁阳）人，字伯勤，号勾曲山人，又号山阳酒仙狂客，少年时曾自号狂生，他出身于明宗室世家。父亲是郑恭王

朱载堉《乐律全书》

朱厚烷，15岁时，因父亲无罪被禁锢，他被迫放弃王子生活长达19年。在这期间，他潜心研究律学及历算，后来父亲被释放复爵入宫，朱载堉虽以世子身份重入王宫，但仍从事学术研究，著述终生，甚至不惜以放弃王位为代价。他的所有成就，组成了《乐律全书》一书。

《乐律全书》的刻版，印刷，始于1595年，完工于1606年。全书共47卷，文字约占一半，达60万字，其余一半则为乐谱、舞谱，是兼含乐、舞、律、历诸学的百科全书，包括有十几种著作，其中与律学有关的就有4种，即：《律历融通》、《律学新说》、《律吕精义》、《律算学新说》。这四种著作全面概括了他所创的"新法密率"的所有内容。

律学，在中国古代音乐理论中，指的是研究八度之间十二律的精密高度的学问。在明代以前，中国古代律制基本上是以三分损益法为基础的。但根据三分损益法，从黄钟生律11次得到仲吕之后，由仲吕再用三分损益法却不能返回黄钟这种现象，古代律学称之为"黄钟不能还原"。此外，还存在十二律中相邻二律距离有大有小，因而不能"旋宫"的问题。对于这些问题，在汉代已被发现，南朝宋的何承天、隋代的刘焯、五代的王朴，都曾试图加

以调节，使其能够返回黄钟，但他们的工作结果只能在实际效果上相当接近十二平均律，而无人能从理论上提出使所有音程可以达到均匀的科学方法。另外，他们还不能解决旋宫过程中音阶各音级间出现的误差。

朱载堉"新法密率"的出现（1580年以前），不但解决了"黄钟不能还原"的问题，也使任何调高上的音阶各级之间达到了音程关系的完全一致。

密率的计算过程是：在以黄钟正律之长为1，黄钟倍律之长为2的基础上，通过将2开平方，得蕤宾倍律的长度比例数；再将此数开平方，得南吕倍律的长度比例数；然后再将此数开立方，得应钟倍律的长度比例数。最后这个数，既是应钟倍律与黄钟正律的长度比值，又是任何相邻两律的长度比值。由此，无论是从黄钟正律之数1出发连续乘以它，还是从黄钟倍律之数2出发连续除以它，都可得到十二平均律的全部长度比例数。

除"新法密率"之外，朱载堉的另一成就是"异径管律"的创立，并依此提出管口校正的新途径。他对前人所说的"律管只有长短不同，而无管径不同"的精确性提出疑问，认为不仅不同律管其管径很难一致，并且即使是同一律管，其左右两部分的管径也有所不同，如果在创作律管时采用相同管径，势必加大空气柱与管长之间的差距。为了弥补这个误差，朱载堉利用不同的管径来缩小空气柱。他采用的方法是：对在一个八度音程中按高次序排列的十二个律管的管径，按以$\sqrt[20]{2}$为比率的等比数列来构成。

总之，朱载堉在律学方面的两大创见——"十二平均律"和"异径管律"，是16世纪声学的重大成就之一，也是对世界律学史和声学史的巨大贡献。

明修三海

三海也就是明代的西苑又称禁苑，是明代帝后们享乐、游览并可以处理朝政的皇家园林。主要位于北京皇城内，宫城西侧。

三海包括今日北海、中海、南海的基本格局。北海水面最为宏阔，总面积达70余公顷，水面占2／3，全园中心为琼华岛，亦是整个三海景观之主导。明代在山巅建广寒殿，在团城及金鳌玉蝀，堆云积翠二桥衬托下，形成全园主体景观。琼岛北部一改山南中轴对称布局，依山形，随地势置亭廊轩榭，并以曲折婉转的假山、石洞和游廊将诸景点联系起来，高低错落、轻巧别致。山石和洞穴布置构思巧妙，变化奇妙，在亭榭里可饱览北海湖光山色。

自琼岛四望，视野开阔，景观层次深远，起伏跌宕，景山、故宫甚至城外西山景色均可收眼底。

北海五龙亭

团城位于琼华岛南面略偏西，是一座四周包砌城墙的圆形高台，原为湖中小岛，明代将小岛东部水面填平，与湖岸联成一体，用堆云积翠桥将二岛联结起来，因二岛不在同一轴线上，所以桥为之折形。团城中央有元代建造的仪天殿，岛上古树很多。团城内面有金鳌玉蝀桥横跨海上，是北海与中海的分界线。

中海为一狭长水面，两岸树木繁密，建筑较少，其景观"翡翠层楼浮树杪，芙蓉小殿出波心"。与北海景观不同。

南海水面大体呈圆形，湖心偏北有名为瀛台，有石桥与岸边相连，主要建筑多集中岛上。

三海水面狭长，布局自然舒朗，与宏伟严整的宫殿建筑形成强烈对比，愈加显出西苑景色之生动幽美，将狭长水面处理得毫不单调死板，使3个水面有聚有分，各具特色。三海的园林艺术突出重点，富于变化，整个园林建筑与故宫景山紧密联系一起，体现了我国古代古典园林艺术的优秀传统和高度成就。

《金瓶梅》成书

长篇小说《金瓶梅》是明代小说中的"四大奇书"之一，约成书于明隆庆至万历年间。作者真实姓名不可考。从所署"兰陵笑笑生"一名来看，作者大约是山东人。因兰陵今属山东峄县，且书中存在着大量的山东方言。《金瓶梅》的版本可归纳为两个系统：一是明万历丁巳（1617）年间"东吴弄珠

客"序的《金瓶梅词话》系统；一是明天启
（1621～1627）年间《原本金瓶梅》系统。
前者与原书的本来面目更接近。

《金瓶梅》借用《水浒传》中的一个枝
节——西门庆与潘金莲的关系，由此生发开
去，铺衍成一部借宋代的人物和故事展示明

《金瓶梅》书影

中叶广阔社会现实的百回长篇。全书以富商、
恶霸、官僚西门庆一家的兴衰荣枯为中心，描绘了上至封建朝廷中专权的奸臣，
下至地方官僚恶霸乃至市井无赖、地痞帮闲的鬼蜮横行的世界，深刻地展示
了世态人情，暴露了现实黑暗。

西门庆是封建时代市侩势力的代表人物。他本是个破落财主，生药铺老
板，既善钻营，巴结权贵；又心狠手辣，巧取豪夺，于是"发迹有钱，专在
县里管些公事，与人把揽说事过钱，交通官吏，因此满县人都怕他"。在地
方上，他不择手段聚敛财富，开了几个店铺，又与"帮闲抹嘴不守本份的人"
结拜兄弟，横行一方。在官场上，他"与东京杨提督结亲"，又贿结宰相蔡
京为义父，并与太尉、巡抚等权贵有私交。由于有官府作靠山，所以尽管西
门庆坏事做尽仍然左右逢源、步步高升，由一介乡民升到了山东理刑正千户
的官职。在家庭中，他的一妻5妾多由诱奸拐骗而来。为了满足自己贪得无
厌的享乐欲望，他仍不断地与婢女仆妇发生淫乱关系，并霸占良家妇女，干
了不少伤天害理之事，终至纵欲暴亡。西门庆身上集中了明中叶以后由地方、
恶霸、商人组成的市侩势力的丑恶特点：凶狠、贪婪、野心勃勃而且恬不知耻。

西门庆的一段话很能体现这些特点。在捐款助修永福寺后，他对吴月娘说："咱
闻那佛祖西天，也止不过要黄金铺地，阴司十殿，也要些楮镪营求，咱只消
尽这家私，广为善事，就使强奸了嫦娥，和奸了织女，拐了许飞琼，盗了西
王母的女儿，也不减我泼天富贵。"这话是以金钱为主宰的社会的一种肆无
忌惮的心态反映，也表明西门庆这样的金钱占有者撕去了虚伪的封建教义，
以非凡的野性力量和进攻姿态谋求建立和巩固自身的社会地位。由此可见明
中叶以后地方豪绅富商与权贵官僚勾结，欺压人民，无恶不作的社会黑幕。

小说中对西门庆家庭的描写，也有社会暴露的意义。西门庆的一妻五妾
因争风吃醋，彼此勾心斗角，互相陷害，使尽了卑鄙残酷的手段。这些错综复杂、

激烈尖锐的矛盾斗争，是封建社会中尔虞我诈、争权夺利的丑剧在另一场合的上演。西门庆家庭的兴衰荣枯，亦生动地再现了封建社会后期婚姻制度、家庭制度、奴婢制度和私有财产制度；同时，展示了人情冷暖，世态炎凉，反映了封建社会中人际关系的虚伪和冷酷。但是，小说对西门庆家庭生活中腐朽糜烂的情形恣意渲染，尤其是津津乐道地展开大量污心秽目的色情描写，既使小说的美学价值受到损害，又为后起的淫秽小说开了不良先例，并产生了有害的社会影响。

《金瓶梅》的艺术成就大都具有开创性的意义。在人物塑造方面，《金瓶梅》注重人物性格描写，使之复杂化，具立体感。主要人物西门庆既狠毒又阴险，谋财害命时毫不手软、诡计多端。潘金莲淫荡、好妒亦心狠手辣。一些配角也给人留下鲜明印象：应伯爵趋炎附势的帮闲嘴脸；吴月娘工于心计、后发制人的深沉；孟玉楼从容闲雅的大家气派；李瓶儿小家碧玉式的温厚可人，等等，都跃然纸上。在语言运用方面，《金瓶梅》以日常口语叙事状物，生动传神，风格平实朴素又泼辣爽朗，人物语言亦充分个性化。在结构形式方面，《金瓶梅》兼取《西游记》的单线式结构和《三国演义》、《水浒

《金瓶梅》插图：潘金莲毁打如意儿

《金瓶梅》插图：王婆子贪嘴说风情

传》的组合式结构，造成一种网状结构——将分散的世相人情通过西门庆一家的兴衰史联系起来，形成意脉相连、浑然一体的广阔社会生活图景。此外，《金瓶梅》大量描写了日常生活场面，对当时的饮食、服饰、器玩及西门庆一家的日常起居都作了细致的描写，这些细节的真实使小说具有浓厚的生活气息。

《金瓶梅》是中国文学史上第一部由文人独创的长篇小说。在此之前，长篇小说都是由作家在民间说讲故事的基础上加工提炼而成。《金瓶梅》之后，文人创作逐渐取代了经上述处理的宋元"话本"而成为小说创作的主流。《金瓶梅》又是第一部以家庭生活为题材的古典长篇小说。它结束了此前章回小说大多取材于历史故事和神话传说的局面，开了以现实社会及家庭日常生活为题材、着重描摹市井世俗情态的"世情小说"的先河。《金瓶梅》在题材、写实手法和细节刻划等方面都明显地影响了后来的《红楼梦》。

方言俗语受到重视

方言俗语的研究，自汉代以后就很少受人重视；魏晋隋唐以来，从事大规模的方言词汇研究的人亦寥若晨星，一些方言资料也无人过问。到了明代，方言俗语受到重视，并出现了许多专著，这成为明代训诂学的最大特色。

这些专著有一种是专门考证某一地区方言的，如李实的《蜀语》，记录了四川方言词汇，全书收词564条，不分卷，也不分类，一般每条之下有释义、注音，有的还有考释和引证。该书是研究汉语史和蜀方言的重要参考资料，且作为我国现存最早的分地考证方言俗语的著作，它开了分地考察方言俗语之先河，对后代影响很大。

另一种则是考证一般常言俗语的，其采辑范围很广，包括经、史、子、集、类书、历代笔记、杂著，以及小说、戏曲、里巷琐言，且偏重于引证、标目分门，近似于百科知识词典，用处较大。这类书数量较多，代表作有：杨慎的《俗言解字》，共收词目52条，篇幅不大，主要是探求一些俗语的本源。

明朝开垦事帖

陈士言的《俚言解》，作者称有 668 章，而实际刊行只有 300 多章。该书不标门类，大致按时令、人事、酒食、衣服、居室等分别辑录词语；所收词语主要采自史传及笔记杂说，其次是类书，也偶尔引及子书、经书、字书。此书因体例不够完善，引文多不标注出处，故查对不便。

岳元声的《方言据》，成书于明万历四十三年（1615），分上、下卷及"续录"，共有 261 条词目，其释词一般包括注音、释义、书证三方面内容。作者认为方言口语多有来历，故以"据"命书名。

张存绅的《雅俗稽言》，约刊行于明天启三年（1623），共 40 卷，分天文、天时、地理、人伦、饮食、宫室、冠服、器用、礼制、音乐、人事、人物、经说、史说、子说、诗文、字学、动物、植物等 19 门，辑录范围极广。但体例未善，疏漏也甚多。

计成著《园冶》

计成（1582～?），字无否，明末苏州吴江人，是一位能诗善画的造园家。青年时代游赏祖国名山大川，中年回到江南，专事造园，并且依据自己丰富的实践经验写成《园冶》一书，详尽论述造园理论，被誉为世界造园学的最早名著。

拙政园远借北寺塔，体现了《园冶》提出的"嘉则收之"的借景构想。

精巧空灵的海棠春坞庭院。这是小庭院处理的佳例。

《园冶》全面总结了我国自然山水式园林的造园经验、营筑原则和具体手法。全书分为兴造论和园说两部分。兴造论中高度概括和精辟总结了中国古典园林艺术特征。提出造园要"巧于因借，精在体宜"，"虽由人作，宛自天开"的独到见解。强调"构园无格"，造园无固定格式，须从客观条件出发，扬长避短，发挥其特点"随基势之高下，体形之端正，碍木删桠，泉流水注，互相借资，宜亭斯亭，宜榭斯榭，不妨偏径，顿置婉转"，达到"精而合宜"，"构园得体"的效果。强调在园林经营中，师法自然，经概括提炼，创出真山真水意境，将自然美与人工美融为一体，并且要突破空间的局限，充分扩大视野和观赏的广度、深度，提出"园虽别内外，得景则无拘远近"，使园内外的景色融为一体。

园说中分相地、立基、屋宇、装折、门窗、墙垣、铺地、掇山、选石、借景等10专项并附图235幅。在园说中提出把园林意境的经营和人们的心灵感受联系起来。并在10个专项中，具体详尽论述从园林规划布局、园林建筑、植物的配置和艺术风格乃至具体的施工工艺和作法等。最突出的一点就是，计成在对假山石的选用上破除当时对太湖石的迷信，提出扩大用材范围，不仅节省造价，而且还收到意想不到的效果。

计成通过大量造园实践，在《园冶》一书中系统总结了我国古典园林的造园经验，极大推动了我国园林艺术特别是清代园林的发展。

吕坤有独见之言

吕坤（1536～1618），字叔简，号新吾，晚号抱独居士、了醒亭居士，河南宁陵人。少年时，博览群书，旁及佛经、医书。神宗时，任刑部侍郎，上疏陈天下安危，抨击政府苛重劳役，后遭诬陷而告病返乡。此后的20年中，完成了大量著述。

吕坤博综百家，融会贯通，自成一家，直达己见，大胆表明自己"不是道学"，"不是仙学"，"不是释学"，亦"不是老、庄、申、韩学。我只是我"，在学术上有"独见之言"和勇敢的批判精神。吕坤在道学（理学）盛行之时，公开宣布自己"不是道学"，而且批判"道学"称之为"伪"、"腐"，把

063

自己的书斋名为"去伪斋",著作有《去伪斋集》,颇有批评道学的勇敢精神。吕坤对于当时正盛行的王学,批评尤其激烈。他认为阳明之学根源于禅学,自晋唐时佛教传入以至于今,使人们卑视孔孟,而"明道、阳明皆自禅悟入"。

吕坤对朱熹持有批评态度,除了从理论上加以反对外,还有专著针对朱熹的《家礼》和《资治通鉴纲目》进行批评。他详尽地驳斥了《家礼》中种种繁琐和不近人情、不合"真情"之处,诸如亲丧三日不食等。又如妇人称氏而不称名,他认为,鸟兽草木有尚具有几个名,"妇人亦人也,可不名乎!"(《四礼疑·冠礼》)显示了他冲破封建思想桎梏的勇气和某些新思想。

吕坤和王廷相一样,持气一元论,也洞察到物质不灭的原理。吕坤认为宇宙间只有气,"气"的聚结和分散,形成了宇宙间万物形形色色的差异。吕坤反对把"理"("道")说成是居于主宰的精神本原。他说:"宇宙内主张万物底只是一块气,气即是理。理者,气之自然者也。"

法藏与圆悟争端

在明代临济宗谱里,圆悟和法藏的地位比较重要。圆悟(1566～1642),俗姓蒋,号密云,浙江宜兴人,30岁弃妻出家,投入幻有正传门下,是另一禅宗大家德宝的再传弟子。40岁蒙印可,46岁得衣钵,52岁正式于龙池"出世"、"开堂"。此后"六生道场,说法26年","剃度弟子三百余人",其中姣姣者12人,当中包括法藏。崇祯十五年(1642),圆悟77岁时圆寂。圆悟思想质朴、文辞无华,以恪守祖义而闻名于世。他不赞成社会上流行的禅教合一、以教辅禅的潮流,更反对援儒入禅,他自我标榜是一个纯禅。圆悟的宗教理论与慧能一样简易,就是"见性成佛",方法则是临济义玄的"棒喝"。

法藏(1573～1635),字汉月,号子密,俗姓苏,江苏无锡人,15岁出家,19岁落发,37岁受具足戒,40岁悟道。法藏因是自学成材,在宗教界得不到应有的承认,故于开悟后又投于圆悟门下,以求临济正宗的身份。由于当时法藏已有相当的成就和身份,故一入圆悟门下便定为首座。但终因法藏并非真正开悟于圆悟,且在理论上互有歧见,所以师徒之间始终存在着龃龉,最后终于导致公开争论。

始建于明代的北京碧云寺

万历年间修建的峨眉山万年寺砖殿

圆悟教学以"棒喝交驰"而著名，法藏自然没少吃苦头，因此他决心改变这种不讲道理，一味棒喝的陋习，并对禅宗一系列特有的教学方式进行了理性化解释。法藏的"悟道"在一定程度上缓解了禅门后学非理性化的倾向，开了以理性主义方法解禅的先河。

法藏与圆悟之争源于法藏所写《五宗原》一书，圆悟起而辩之，法藏弟子弘忍又作《五宗救》以扶师说，圆悟再作《辟妄救略说》10卷"痛驳"，成为中国佛教史上一段公案。他们的争论有三，一是禅门五宗的谱系；二是关于五宗宗旨，三是关于成音相。这里有些属于宗教史的歧见，有些则是对宗教理论的不同理解。但圆悟出于对法藏不遵师法的私怨，横加攻击，无端辱骂，甚至把师徒恩怨的旧帐全翻出来，反而显得颇失气度。但雍正皇帝却贬斥法藏，毁其著作，以圆悟为正脉真传。

中国木架结构建筑定型

明代建国后，太祖朱元璋实行了一系列恢复和发展生产的政策，促进了农业、手工业、商业的发展，独立的手工业者和自由商人大量涌现。随着科

江苏无锡梅村泰伯庙的大殿梁架　　　　　　　浑厚严谨的长陵棱恩殿屋角梁架

技的发展和提高，极大地推动了建筑业的发展和建筑技术的进步。

　　一方面是各地民间建筑的大量兴建，在满足使用功能、适应当地自然条件、运用地方材料等方面积累了丰富的经验，形成丰富多彩的地方风格和民族风貌。另一方面是帝王集全国优秀工匠，建造大规模的宫殿、坛庙、陵墓及长城等，集中反映这一时期建筑技术最高成就。

　　明代建筑结构主要分两种即全部用砖券结构的无梁殿结方式，另一种是木结构建筑。用无梁殿结构的建筑也受到传统木结构建筑的影响，外观造型多仿照木构架建筑的作法。

　　而在木结构建筑方面，中国木架结构建筑体系经过 2000 多年的发展，由简陋到成熟复杂，进而又向简炼的过程。自元代以来木架结构建筑在承袭唐宋的传统基础上有些重大的改革，但还没有形成较固定的做法。到了明代木架结构建筑逐渐趋于定型化、标准化，形成一套成熟的体系和作法，反映了木架结构发展的必然趋势。

　　木架结构建筑发展和变革最重要的体现在斗栱结构机能的变化上。自元代以后，斗栱的结构功能减弱，比例缩小，排列逐渐密集，几乎成为纯装饰的构件。内檐斗栱也逐渐减少，梁枋直接置于柱上或插入柱中，使梁柱的构造关系简化，联系也更加紧密。此外，柱的比例变得细长，柱的生起、侧脚也很少用了。由于上述变化，明代的官式建筑屋顶出檐变小，屋脊的柔和曲线不见了，形成稳重严谨的建筑造型。如山西万荣飞云楼，内檐 4 根粗大金

巨柱林立、气势雄伟的棱恩殿室内。

由向心排列的溜金斗拱承托的、庄严华丽的皇穹宇天花。

柱直贯3层，使3层构架混为一体，而各层间又有一些灵活的做法，结构设计合理巧妙，外观玲珑秀美。

　　明代木构架建筑已经高度标准化、定型化，各构架间都有一定的比例关系，简化了建筑设计和施工的工序，提高了工效，同时也便于估工估料。这种标准化的做法，不仅表现在木构架体系上，而且在门、窗、彩画、须弥座、栏杆，甚至装修纹样上都有允分的反映。

　　明代木架结构建筑的高度标准化、定型化，形成一些固定的模式和作法固然有许多优点，但这样也给建筑形式带来某些变化，失去清新活泼的韵味。

明朝

1621A.D. 明熹宗朱由校天启元年 后金天命六年

六月，复命熊廷弼经略辽东，廷弼建三方布置策。

1622A.D. 明天启二年 后金天命七年

正月，金陷西平堡，败援军，进攻广宁，巡抚王化贞、经略熊廷弼退守山海关。

1623A.D. 明天启三年 后金天命八年

正月，荷兰据澎湖，台湾，嗣被逐出澎湖。御史周宗建疏诋司礼秉笔太监魏忠贤，于是党祸萌。命魏忠贤提督东厂。

1625A.D. 明天启五年 后金天命十年

三月，金初都辽阳，称东京，至是迁都沈阳，后名盛京。十二月榜示东林党人姓名。

1626A.D. 明天启六年 后金天命十一年

二月，以袁崇焕为佥都御史，专理军务，旋授辽东巡抚。

八月，金帝努尔哈赤死，第八子皇太极嗣，是为太宗文皇帝。

1627A.D. 明天启七年 后金（清）

太宗文皇帝皇太极天聪元年八月，熹宗死，弟信王由检嗣，是为思宗庄烈皇帝，改元为崇祯。

十一月，安置魏忠贤于凤阳，寻命逮治，忠贤闻之，自缢死。

诛客氏及魏忠贤侄良卿，其家属无少长皆斩，又下助魏忠贤为虐诸人于狱，命毁各地魏忠贤生祠。

1628A.D. 明思宗庄烈皇帝朱由检崇祯元年 后金天聪二年

十一月，陕西以连岁荒歉，官吏苛虐，饥民纷纷起义。

1629A.D. 明崇祯二年 后金天聪三年

十月，金帝亲统兵分三道攻明，破遵化等城，十一月，围北京，袁崇焕率师入援。十二月，思宗中金反间计，下崇焕于狱。

1630A.D. 明崇祯三年 后金天聪四年

八月，误信金反间计杀袁崇焕。

1623A.D.

伦勃朗学画。委拉斯开兹成为宫廷画家。

1624A.D.

法兰西自此至1642年，为黎塞留专政时期。

后金攻陷沈阳广宁

自万历四十六年（1618）努尔哈赤以"七大恨"誓师、向明朝正式开战以来，明连失抚顺、清河两地，又经萨尔浒战败，辽东防线被后金突破。

努尔哈赤继续扩大战果，于次年6月攻破开原，7月占领铁岭。兵锋所至，明军望风溃逃。明天启元年（1621），努尔哈赤亲率大军，将木板云梯战车顺浑河而下，水陆并进，直取沈阳。明朝为了守卫沈阳，设置了坚固的防线，城外浚濠，伐木为栅，埋伏火炮，守卫森严。后金大军到达城下后，先用计诱使明朝总兵官贺世贤出城迎战，射杀了他；然后又用楯车攻城，从东北角挖土填壕。城上明军发炮还击，但发炮过多造成炮身过热，装药即喷。后金军乘机越过壕沟，猛攻东门。混在蒙古灾民中的后金奸细，砍断桥绳，放下吊桥，后金军蜂拥而入，攻占了沈阳城，并在城外和前来援救沈阳的1万余明军展开激战。面对数万后金军，明军拼死作战，后终因寡不敌众而全军覆灭。

攻克沈阳后，努尔哈赤乘势进军辽阳，

沈阳故宫大政殿，是努尔哈赤、皇太极处理政务的地方。

069

明辽东经略袁应泰得知，急忙将奉集、威宁的明军都撤至辽阳，以加强防守，同时还引水注濠，沿濠列炮进行固守。三月，努尔哈赤率军抵辽阳城外，即分两路兵马，一部掘城泄水，一部运石填濠，然后督军攻城，激战3日，明军苦战不敌，袁应泰自杀，辽阳失守，后金军随之席卷辽阳以东，海州、盖州、金州、复州和耀州等70余城都被占领。

沈阳、辽阳相继失守使明廷大为震动，于是又重新起用熊廷弼为辽东经略，同时任命王化贞为广宁巡抚，以收拾辽东残局。可是熊、王二人从一开始就发生矛盾，熊廷弼主张以守为攻，而王化贞则大言轻敌，一意进攻，对此明政府也模棱两可、举棋不定。善于捕捉战机的努力哈赤，遂在明天启二年（1622）率军渡过辽河，攻入辽西。后金军首先围攻西平，王化贞听从其亲信孙得功的计谋，大发广宁明军前往救援。而双方一交锋，明军就溃败下来。孙得功竟阴为内应，逃回广宁后大呼后金军已到，城内军民惊惶失措，四处逃奔。王化贞也狼狈而逃，与接应的熊廷弼会于大凌河。熊廷弼以所领数千人为王化贞殿后，尽焚积聚，退守山海关。后金兵长驱直入，不战而下40余城，占据广宁，又陷义州。

不久，努尔哈赤迁都沈阳，着意经营辽沈，为入主中原打下了坚固的基础。

宦官魏忠贤专权

魏忠贤，原名李进忠，后复魏姓，又赐名忠贤。本为河间肃宁无赖，因赌博赌输而自宫为阉，巴结太监魏朝而被推荐给王安，成为李选侍心腹。当时定兴民侯二妻客氏被选为熹宗朱由校乳母，魏朝与魏忠贤为争客氏而争斗，王安偏信魏忠贤而勒退魏朝。熹宗即位后，客氏、魏忠贤因而得志，二人密谋后，矫诏杀了王安。

天启元年（1621）五月，魏忠贤窃得司礼秉笔太监的大权，从此遍邀党羽，专制朝政，作威作福，弄得朝纲大坏，冤狱遍生，民怨沸腾。

魏忠贤得势主要得力于熹宗乳母客氏，他怕与客氏合力肆恶的行动被妃嫔们揭发，因而掌权伊始，就大杀妃嫔。先是矫旨令光宗选侍赵氏自尽，继而幽禁裕妃张氏，使之饥饿而死。皇后张氏有孕，客氏用计使之堕胎。二人

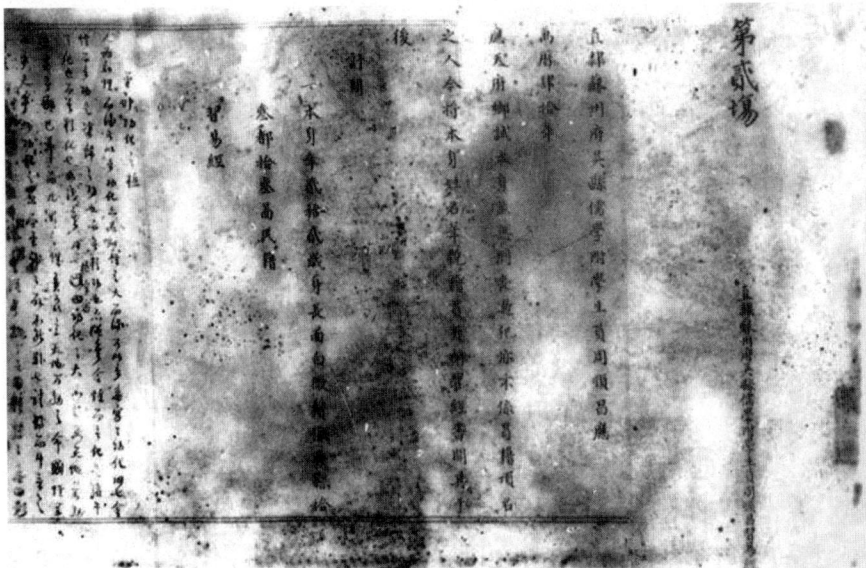

明天启六年（1626），苏州巡抚毛一鹭依仗魏忠贤权势，无故逮捕苏州进士周顺昌。颜佩韦、杨念如、马杰、沈扬和周文元 5 人，借哭送周顺昌之机发动反魏忠贤和毛一鹭的斗争，后 5 人被惨杀。此可谓中国知识分子以身反抗权贵的典型例子。图为周顺昌试卷。

魏大中因上疏弹劾魏忠贤而被捕下狱，杖毙狱中。图为他在狱中写的绝命书。

又乘熹宗郊祀的机会，杀掉他的宠妃冯贵妃，对不满他们的慧妃范氏和李成妃，他们均将其废为宫人。

魏忠贤以司礼秉笔太监领东厂事后，任用田尔耕掌卫事，许显纯掌镇抚司，罗织罪名，严刑酷法，一时厂卫之毒流通天下。同时，魏忠贤又以熹宗好察边情为名，常令东厂派人到关门，侦探情况奏报，称为"较事"，边将稍有不满，即怀恨在心，借机惩罚。

魏忠贤大权在握，气焰嚣张，引起了许多朝臣的不满。先是周宗建疏劾魏忠贤，被夺俸 3 月。继而杨涟因征文言之狱而上疏劾魏忠贤 24 大罪，被魏忠贤削藩，然后刑讯至死。万燝也因不满魏忠贤而遭廷杖毙命。后来魏忠贤又借东林党一事大兴党狱，"作东林点将录、天监录、同志录"，大肆逮捕东林党人，一大批不满魏忠贤之士，惨死狱中。

当魏忠贤肆意镇压一大批忠正之士的时候，一些无耻之徒都相继阿附于他。其中有"五虎"、"五彪"、"十狗"、"十孩儿"、"四十孙"之号。同时，自内阁、六部至四方总督、巡抚，遍置其党，又派太监监军、镇守，收揽兵权。朝臣跪拜均呼他"九千岁"。以潘汝祯为首的一批阿谀之臣到处为魏忠贤修建生祠，糜费民财数千万。

总之，魏忠贤将"易置大臣之权"、"转迁百官主权"都控制在手中，擅权威福，肆意妄为。人们"只知有忠贤，而不知有皇上"。

辽东经略熊廷弼被杀

熊廷弼（1569 ~ 1625），字飞白，号芝冈，江夏人。万历二十六年（1598）进士，授保定推官。后擢升御史，巡按辽东数年，按劾将吏，风纪大振。万历四十七年（1619），起大理寺丞兼河南道御史，宣慰辽东，不久便升为兵部右侍郎兼右佥都御史，代杨镐为辽东经略。出关后，熊廷弼遍阅形势，确定了"坚守进逼"的策略，招抚流亡，修缮战具，训练军队，整顿军纪，分兵固守城池，不轻易与后金军开战，只派小股人马骚扰。结果在一年时间内就稳定了辽东局势，努尔哈赤也因此不敢贸然进攻。

但是熊廷弼的这些做法，都遭到了一些大臣的攻击，姚宗文等人参劾他临敌畏缩，不敢出战，他因此被迫离职。替换他的袁应泰缺乏军事才能，举措失当，致使后金兵连破沈阳、辽阳，京师大震，于是朝廷于天启元年（1621）重新起用熊廷弼为兵部尚书兼右副都御史，同时任命王化贞为广宁巡抚，一起收拾辽东残局。可是熊、王二人从一开始就发生矛盾。熊廷弼倡三方布置策：集中兵力于广宁，对付强敌；而于登莱、天津则建立水师，扰乱辽东半岛沿岸；经略驻山海关，指挥全局。其策略的中心仍是以守为攻。而王化贞则大言轻敌，

一意进攻，且分兵屯守辽河，处处和熊廷弼唱反调。

"经抚不和"给努尔哈赤提供了入侵的机会。天启二午（1622），后金军大举进攻，在广宁大败明军，进而占有辽沈广大地区。广宁之败后，熊廷弼与王化贞同时被逮捕，会审后一并论死，此时又有阉党诬告熊廷弼侵盗军饷，随后魏忠贤以追赃不获而引起熹宗发怒，致使熊廷弼于天启五年（1625）八月被斩于西市，传首九边。

汤若望来华

汤若望，号道末，德意志人。1611年入耶稣会，天启二年（1622）他在葡萄牙殖民主义者的支持下来到中国。他从广州入境，不久即赴北京学习汉语，后又奉耶稣会之命，往西安、南京等地进行传教活动。崇祯三年（1630），明廷召他到北京，继邓玉函之后管理历局，修造天文仪器，编制《崇祯历书》，监铸西式火炮，以此得到明廷信用。

汤若望参入编写的《崇祯历书》是在徐光启的主持下编撰成书的。除汤若望外，徐光启还聘请了龙华民、邓玉函、罗雅谷等西士同襄历事。该书采用传统阴阳历结构，并引进丹麦天文学家第谷宇宙体系和几何学计算方法，在对中法、西法比较研究和实测成果的基础上，对中国传统历法进行了修订，从而促进了中国天文历法的发展。

归清以后，汤若望更是备受重视，曾长期执掌钦天监，并加官至太常少卿。

徐鸿儒起义自称中兴福烈帝

徐鸿儒，山东巨野人，后迁往郓城居住。万历末年，在山东传播白莲教，被推为教主。徐鸿儒的白莲教与王好贤的闻香教、于弘志的棒棰会三方相约于天启二午（1622）八月十五日同时起义。后来徐鸿儒因计划泄露，提前于五月首先起事，自号中兴福烈帝，称大成兴胜元年，设承相、总督、总兵等官。徐军以红巾为帜，分10余部，每部万余人。起义军首先攻下郓城，六月，再破邹县、滕县。此时，于弘志的棒棰会起而响应，刘永明在艾山称"安民王"，也率众2万与徐鸿儒相呼应，一时纷起响应者达数10万众。七月，起义军攻占夏镇（今山东微山），切断漕运河道，缴获大批漕粮。起义军以夏镇为中心，犄角邹、滕，"攻城城陷，略地地折"，连败官军。熹宗朱由校急调大批官军进剿，十月官军收复邹县，继而攻破滕县。因叛徒出卖，徐鸿儒被官军俘获，于弘志、王好贤也先后被俘，起义遂告失败。十一月八日徐鸿儒等18人在京师被杀。徐鸿儒在山东传教20年，起义7个月，终因失败而身死。

徐鸿儒犯曲阜事碑文拓片（部分）

荷兰侵占澎湖

万历中叶，荷兰殖民者来到中国，并从联合东印度公司建立以后，加紧了对中国的侵略。

万历三十一年（1603），荷兰派出了一支由12艘船只组成的舰队窜入中国领海，要求互市，没有实现。第二年七月，荷兰水师提督韦麻郎与熟知我国东南沿海情况的中国奸商相勾结，侵入我国澎湖岛。他们在岛上伐木建房，准备长久居住下去。由于福建南路总兵施德政严加防范，一面拘禁荷兰派遣的奸商，严禁商民下海，断其接济；一面严守要害，厉兵秣马，以备来犯。荷兰人见自己力量不足，接济之路不通，只好于十月末离去。

天启二年（1622）四月，荷兰人雷约兹率领荷、英联合舰队再次侵入澎湖，要求互市。守臣答复说，如果毁城远徙，便可通商。荷兰人乃于天启三年（1623）毁城移舟离去，巡抚商周祚以遵谕远徙上闻，但荷兰人仍旧占据着台湾。不久又溜回澎湖筑城，并以此为据点多次进犯厦门，直至天启四年（1624）被明朝军队赶往台湾。

袁崇焕固守宁远·努尔哈赤负伤败走

孙承宗被劾罢官后，代替他经略辽东的高第畏敌如虎，竟然尽撤关外诸城守县，驱屯兵入关，委弃米粟 10 余万。他还欲撤宁远、前屯二城守军，但袁崇焕誓死不去，坚守宁远。努尔哈赤见明经略易人，发兵进攻。

天启六年（1626）正月，努尔哈赤率兵 13 万征明，连下锦州、松山、大小凌河、杏山、连山和塔山 7 城，进而围攻宁远，致书袁崇焕要他投降。当时袁崇焕官宁前参政，在大兵压境，外无援兵的紧急关头，袁崇焕毫不畏惧，他和总兵满桂、副将左辅，米梅、参将祖大寿及守备何可纲等集将士刺血誓师，固守宁远。他们把城外民众迁入城内，所遗住房全部烧毁，坚壁清野以待后金军。努尔哈赤见袁崇焕不降，便指挥军队猛攻宁远，但明军枪炮药罐雷石齐下死战不退，袁崇焕还令福建士兵施放红夷大炮，击毙不少后金兵。后金军连续攻城两日，都不能得手，加之努尔哈赤也被炮火击伤，最后只得解围而去。袁崇焕因保城有功，炮伤努尔哈赤，擢右佥都御史驻宁远。

宁远之战是明金交战以来明军所获得的第一次大胜仗。它遏止了后金对

明天启六年（1626）正月，努尔哈赤率 13 万人围攻宁远城，被炮击中。图为辽宁兴城，即明代宁远卫城。

关内的进攻，挫伤了他们的锐气，稳固了明朝宁锦防线。从此，明朝和后金在宁远、锦州一带形成了长期对峙的局面。

孙承宗督师辽东

天启元年（1621）明廷经广宁之败后，关外局势更为混乱。新任经略王在晋主张专力防守山海关，放弃关外，但兵部主事袁崇焕等表示反对，建议坚守宁远。为此，大学士孙承宗奏请亲身前往勘察，还朝后建议出关筑宁远要害，与觉华岛相犄角，并自请督师。天启二年（1622）八月十六日，孙承宗奉诏督山海关及蓟、辽、天津、登莱诸处军务。至关后，他裁汰虚冒，定军事，申明职守，以马世龙为总兵官，令祖大寿等守觉华岛，副将赵率教守前屯，前后筑城堡数十，练兵11万，造铠仗，开屯田，军声大振。然后倾全力布置宁远的防御，并以觉华岛作为贮积粮饷的基地。天启三年，孙承宗见祖大寿所筑宁远城墙不合规格，命袁崇焕重加修筑。第二年宁远城建成，此城高3丈2尺，雉高6尺，址广3丈，上2丈4尺，异常高大坚固，屹然成为明廷关外重镇。天启五年（1625）孙承宗又遣将分据锦州、松山、杏山、右屯及大小凌河等地，并修缮了各处城郭。自此，复关外地200里，明朝宁锦防线形成，成为努尔哈赤向关内进犯的巨大障碍。然而，同年九月，因魏忠贤处处牵制，其党羽又以简将、汰兵、请饷等苛责于他，孙承宗被迫去职，关外形势急转直下。

朱由检继位·处置魏忠贤

朱由检是光宗第五子，熹宗弟，天启二年（1622）八月封信王，天启六年出居信邸。天启七年（1627）八月二十二门，熹宗朱由校病死。二十四日朱由检遵遗命即皇帝位，颁诏天下，改明年为崇祯元年，当时朱由检17岁。

崇祯久忿魏忠贤专断国政，肆毒天下，所以即位后，便大力惩治阉党。当时嘉兴贡生钱嘉征劾魏忠贤10大罪，崇祯立诏魏忠贤，令内侍读之。魏

忠贤心惧，用重金求助于信邸太监徐应元，又被崇祯知晓，徐应元被斥退。十一月一日，崇祯命将魏忠贤安置于凤阳，四日命逮捕法办。魏忠贤得悉，自缢而死。崇祯下诏戮其尸，悬首河间。十二月，又下诏定魏忠贤阉党逆案，严厉惩处魏忠贤余党，"五虎"，"五彪"等都被处死。

明末武清侯李诚铭出资为魏忠贤所建的生祠：崇祯继位后诛杀魏忠贤，改此祠为药王庙。图为药王庙前殿（庙址在北京）。

同时下令毁《三朝要典》以正视听；毁魏忠贤生祠，变价售出，诏准被魏忠贤贬斥各官场恢复原职，赠恤冤陷诸臣。崇祯二年（1629）三月，崇祯帝再次诏定魏忠贤逆案，诏命彻底清查魏忠贤余党，又不同程度地处治了200多人。崇祯通过这一肃逆活动，扶正祛邪，整顿朝纲，稳定了局面。

《奇器图说》《诸器图说》刊行

天启七年（1627）正月，《奇器图说》1卷、《诸器图说》1卷刊行。两书均由王徵译著。

王徵（1571～1644），字良甫，号葵心，陕西泾阳人，天启元年（1621）进士，宫至扬州府推官。他专心于物理学应用机械的研究与实验。他在京时与德国人邓玉函等交往，得见欧洲文艺复兴时期物理学家和工程师最新成果，于是与邓玉函合作从中选择出符合中国需要的内容，再以绘画补说，完成《奇器图说》3卷。

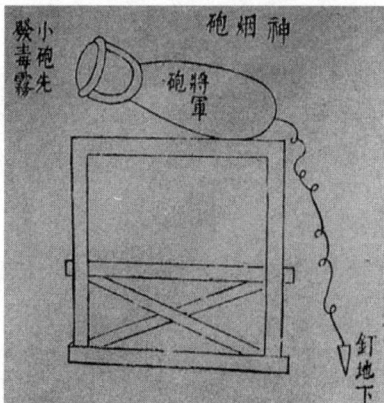

神烟炮架构图。炮分两级，前部小炮先发烟雾，后部是威力强大的将军炮。

卷一"重解"，包括重学（力学）性质、应用及重心、比重等原理。卷二"器解"，叙述各种机械原理及应用，如天平、杠杆、滑车、轮轴、藤线（螺旋）、斜面等。卷三"图说"，介绍起重、转重、取水、转磨、代耕等54种机械原理的实际应用。王徵还将个人研究心得写成《诸器图说》，该书涉及虹吸、鹤饮、轮激、风碾、自行磨、 自行车、轮壶、代耕、连弩等9器，均为民生日用。以上两书是明代国际学术交流的成果，也是当时应用机械和机械工程学等方面的最高成就，王徵也因此成为介绍近代西方力学与机械工程学的第一人。

袁崇焕杀毛文龙

毛文龙，仁和（今杭州）人。天启元年（1621）七月，他奉命从朝鲜西部袭击后金，占据皮岛，然后招诱辽民前后约10数万，在朝鲜西部铁山一带屯种，并不断派兵从沿海各岛或沿鸭绿江深入辽东内地进行袭击。后金天聪元年（1627）正月，皇太极出征朝鲜，毛文龙号称拥众十几万，却躲在皮岛，不敢出来援助，反说朝鲜人勾引后金来谋害他。在后金军撤退后，毛文龙又大肆杀掠被剃发的朝鲜人，诡称阵杀金兵以邀功。

袁崇焕任辽东巡抚后，上疏请派部臣清理毛文龙部军饷，毛文龙抗疏反驳，袁崇焕决心除掉毛文龙。崇祯二年（1629）六月五日，袁崇焕以阅兵为名至毛文龙驻地，邀其观看将士操练。袁在山下设帐，派人埋伏于帐外。毛文龙到后，袁崇焕责问他违令数事，毛文龙抗辩，袁崇焕厉声叱之，并命其除掉冠带縶缚，历数文龙12大罪状，文龙丧胆，叩首乞免，袁崇焕遂取尚方剑将他斩于帐前。袁崇焕杀毛文龙，对他重整军纪有震慑作用。

张献忠起义自称八大王

张献忠，延安卫柳树涧人。曾为延绥镇军卒，由于犯法本来要斩首，总兵陈洪范见他容貌奇伟，命鞭打100而免死。张献忠于是乘机逃走，先投奔神一元部，后来占据米脂18寨，招兵买马，自立一部。

崇祯二年（1628），明廷委派杨鹤为兵部右侍郎总督陕西三边军务，率兵进剿农民军。当时，王嘉允率领的一支农民军奋起抗击，袭破黄甫川、清水，杀孤山副将李钊。崇祯三年（1630）六月，王嘉胤率军攻下府谷，占据河曲，张献忠从米脂起而响应，自称"八大王"，与王嘉胤互为声援。自此，张献忠走上了他艰难曲折的反明道路。

皇太极攻北京·间杀袁崇焕

崇祯三年（1630）八月，思宗朱由检中皇太极反间计，杀袁崇焕。

袁崇焕（1584～1630），广东东莞人，万历四十七年（1619）进士。他曾任邵武知县，谋略、勇气过人。天启二年（1622）正月任兵部职方主事。广宁兵败后，袁崇焕单骑出关，自请守关，遂被超擢为金事，使监军关外。后进兵备副使，再进右参政、按察使，驻守宁远。在高第经略辽东时，袁崇焕抗命守城，并于天启六年（1626）正月打退来犯的10余万后金军，获得明金交战以来明军的第一次大胜仗，袁崇焕因此进右金都御史，加兵部左侍郎。三月，升为辽东巡抚，抗疏谏止宦官监军。熹宗不听，由此为阉党忌恨。

同年七月五日后金军再攻锦州、宁远，均被袁崇焕、赵率教打退。然而此次袁崇焕并未因功受赏，反被阉党恶意中伤，以不救锦州罪名被撤职。

崇祯元年（1628）四月，崇祯帝即位，召还袁崇焕，起升他为兵部尚书兼都察院右副都御史，总督蓟、辽、登、莱、天津等处军务，移驻关门，兼

张献忠"骁右营总兵关防"印

袁崇焕像

命该省官司敦促上道。七月，袁崇焕入见崇祯帝，要求"户部转军饷，工部给器械，吏部用人，兵部调兵遣将"，都要内外配合。八月初，到宁远平息兵变，整顿军纪，改组边防。又剑斩败将毛文龙，同时，袁崇焕为恢复故疆，趁后金东征朝鲜的时机，遣使与后金议和。在赢得时间后，即遣将修缮锦州、中左、大凌三城。袁崇焕这些正确的防守策略，有力地遏制了后金的军锋。

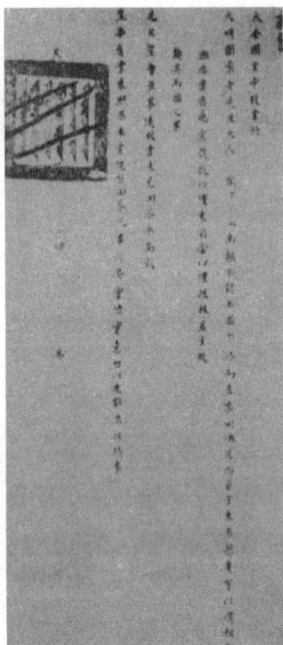

后金致袁崇焕书

袁崇焕墓碑

　　皇太极看到袁崇焕是他前进道路上的巨大障碍，决心借多疑的崇祯皇帝之手除掉袁崇焕。崇祯二年（1629）冬，皇太极联合蒙古科尔沁等部落，避开袁崇焕驻守的宁、锦，由蒙古境而直趋长城，再分兵三路，从大安口、龙井关、洪山口南下，进围北京。袁崇焕未得诏令，即从山海关千里驰援京师。每遇城池即留兵驻守。崇祯帝为之大喜，令其统领诸路援军。此时，后金皇太极施反间计，故意对俘虏的杨太监透露后金与袁崇焕已有密约，然后放其回京报告。十二月，崇祯帝逮捕袁崇焕，下锦衣卫狱。金兵退后，明廷审理袁崇焕案，魏忠贤党徒乘机报复，攻击袁崇焕与大学士钱龙锡"擅主议和，专戮大帅（指毛文龙）"，崇祯三年（1630）八月十六日，袁崇焕以"谋叛罪"被斩于市，兄弟妻子流徙3000里，籍其家，天下冤之。自袁崇焕死后，明廷边防更无良将。

倭刀术兴盛

明代民间刀法在开始时都普遍存在"花法"的弊端，在个体实践格斗中还存在着改进和发展的必要性。当时倭刀技能的传入，无疑为这种发展提供了契机，在倭寇入侵前，虽有倭刀的输入，但因数量少，并未引起人们的关注。倭寇大举入侵后，倭刀技能的优点表现出来，军队和民间的刀术都在不同程度上受到了倭刀术的影响。

倭刀主要分为长刀和腰刀两种。而长刀尤为多用，不仅型制上有其优点，而且技术上也有长处，这主要是用双手提柄，使用起来重力极大，非单持刀所能抵御。

安徽休宁人程宗猷是当时著名的民间武术家。他一生专心探研武术的各种技法，在其所著《单刀法选》中写道，"器名单刀，以双手用一刀也"。"其用法，左右跳跃，奇诈诡秘，人莫能测。故长技每每常败于刀"。由此可见当时民间武术家对倭刀及其技艺也是颇为了解

明天启六年（1626）在药王山上建立的石雕牌坊，为纪念大医学家孙思邈所建。

的。为了学习倭刀术，程宗猷遍访其法，后听说浙江刘云峰颇得真传。于是从刘学艺，尽其奥。当时南北皆闻安徽亳州郭五以刀名，后程亲访之，认为"较之刘（云峰），则刘之妙又胜于郭多矣"。可知当时有不少的民间艺术家在不同程度上掌握了倭刀术，而且有技艺精湛者。

程宗猷从刘云峰所习倭刀术原有势有法而无名，后为使习者基于记忆，便依势取像，拟其名而成书，即《单刀法选》1卷，书中既有刀势（前有22势，后又续12势），也有演练的路线示意图。从这个线路示意图可以看出它是用

进退跳跃，环转之步法把不同刀势连结在一起的。明末的民间武术家吴殳所著《手臂录》卷三亦记载有单刀法18势，皆倭刀法，可见倭刀术在当时影响之大。

《易筋经》出现

《易筋经》（中国古代健身法）出现于明天启四年（1624），标志着我国导引发展进入了一个新的历史阶段。

导引具有数千年的历史，传至明清，在继承前人的基础上，通过整理、校订前代的著述，并且广泛采用绘图说明，有了很大的发展和创新。梁代陶弘景所著《养性延命录》曾记述东汉华佗创编的五禽戏，但仅叙述肢体动作，缺少行气方法的记载。明人关于五禽戏的著述中，则增补了行气的内容。如周履靖《赤凤髓》中提到"闭气"、"放气"、"吞气"等，突出了行气的要求。宋代的八段锦，仅有"武八段"之记述，明人王圻《三才图会》与高濂《遵生八笺》才有"文人段"的图文记载。"十二月坐功"虽为宋人陈希夷创编，但至明代始有具体方法之记载。

导引发展与道家有密切的关系。晚明以前，目前所见导引著述中的插图，练功人均着道装。所冠名称如"灵剑子导引"、"逍遥子导引"、"二十四气修真图"等，亦为道家所专有。《易筋经》创始于晚明，所谓"达摩创传"之说实乃清人之附会。王祖源《内功图说》中"十二段锦"图，只是"八段锦"变式而已，所不同者只是将练功者的道装改为僧服。清道光年间来章氏《易筋经》中的"十二势"和咸丰四年（1854）得自少林寺藏书的《内功图》中"易筋经十二势"图，练功者亦均为僧人形象。充分说明佛门导引与道家道引有着渊源关系。

佛门研习导引术后，内容和形式都有了很大的发展变化。《易筋经》提出了"内壮神勇"和"外壮神勇"之说，在以前导引主要修练"内功"的基础上，增加了"外功"。亦即在"行气"的基础上，增加了"力"的练习。"外功"则有八法："曰举、曰提、曰推、曰拉、曰揪、曰按、曰抓、曰坠。"

《易筋经》的出现改变了导引多为文人修习的传统，从此亦为武术家所

实行。《清史稿·甘凤池传》载江南名武技家甘凤池善导引术，并用气功为人治病。

李之藻等介绍西方数学

徐光启、利玛窦合译《几何原本》的出版，开创了译介西方数学成就的先河，并引起了许多学者对西方数学研究的极大兴趣，明朝后期，撰写、编译数学著作一时蔚然成风，李之藻、徐光启、孙元化等一批学者开始致力于介绍西方数学。

李之藻（1565–1630），字振之，号我存，浙江仁和（今杭州）人。与当时众多的思想开明的学者一样，他很早即与来华传教的利玛窦接触，学习西方历算，并合作翻译了许多天文历算著作，曾于1613年奏请开设馆局翻译西方科学著作，编成《天学初函》，包括20种西方著作，并被广泛传播。其中有《几何原本》、《同文算指》等数学著作。

《同文算指》是继徐光启与利玛窦合译《几何原本》出版后的又一部重要的西方数学著作，是李之藻和利玛窦依据克拉维斯《实用算术概论》和程大位《算法统字》的又一次成功合作的结晶。全书分为"前编"、"通编"、"别编"三部分，是第一部系统介绍欧洲笔算的著作。

此后不久，徐光启编撰了《定法平方算术》二卷，书中对开平方和解二次方程各给出15个例题，并结合图形论证了相应算法的几何意义。在此基础上，徐光启的学生孙元化（？～1632）撰写了《太西算要》一卷，内容为笔算四则运算、比例和开2～5次方。这两部著作都是最早由中国数学家撰写的笔算著作。

在崇祯二年（1629）开始编制的《崇祯历书》中，有由邓玉函（1576～1630，瑞士人）编译的《大测》、《割圜八线表》、罗雅谷（1590～1638，意大利人）编译的《测量全义》，这是用中文写成的最早的三角学著作。当时欧洲尚无专门的三角函数符号，各三角函数的意义由线段长规定。而用文字表达有关公式。《大测》2卷（1631）是根据德国毕笛斯克斯的《三角法》和荷兰斯台文的《数学记录》编译的，分为6篇，主要说明八线的性质，造表方法和用表方法。书中还包括平面三角的正弦、余弦及正切定理和解三角形的方法。

《割圜八线表》6卷（1631）是一个有度有分的五位小数三角函数表。《测量全义》10卷（1631），是根据意大利玛金尼《平面三角测量》、《球面三角学》、德国克拉维斯《实用几何学》及丹麦第谷《天文学》编译的，其中还包括了作者补入的内容，比《大测》更为丰富。

《崇祯历书》中还介绍了一些新的几何知识，包括圆锥曲线、阿基米德求圆面积、椭圆面积、球体积的方法等一些立体几何内容等。此外，由罗雅谷撰写的《比例规解》（1630）介绍了伽俐略发明的比例规及其各种计算方法。这是17世纪流行于欧洲和中国的计算工具。

西方数学的传入给中国传统数学注入了新的活力。其内容、方法和思想不仅深刻地影响着由明至清的数学发展，也对朝鲜和日本产生了影响。

浙派等琴派形成

从明中叶嘉靖年间开始，明代的七弦琴艺术逐渐活跃，琴界最主要派别，先有浙派，后又有虞山派、绍兴派等。

浙派活动于浙江，继承南宋徐天民的传统，以"徐门正传"见称，主要琴家有：明初的徐和仲(徐天民曾孙)、黄献(1485～1561后)、萧鸾(1487～1561后)，以徐和仲的声望最高。浙派代表性琴谱有黄献编辑的《梧岗琴谱》（1546），还有萧鸾编辑的《杏庄太音补遗》（1557）、《杏庄太音续谱》（1560）。

虞山派，以活动于常熟虞山而得名，因虞山之下有河曰琴川，故虞山派又称琴川派，代表人物有严澂和徐祺等。

明版《北西厢记》插图：墙角联吟

严澂（1547-1625）是虞山派的创始人，他曾主持编订《松弦馆琴谱》，成为虞山派代表琴谱。严澂批评了当时琴曲滥填文词的风气，他指出古乐也

是"声一字而鼓不知凡几"。虞山派的演奏风格，后人概括为清、微、澹、远，使得审美境界向深化发展，虞山派的另一位名家是徐祺，徐祺克服严澂片面强调演奏徐缓的弱点，艺术眼界比严澂较为开阔，后人认为他能够"徐疾咸备今古并宜"，徐祺在所撰《溪山琴况》中提出二十四况作为琴艺的美学标准，即和、静、清、远、古、澹、恬、逸、雅、丽、亮、采，洁、润、圆、坚，宏、细、溜、健、轻重、迟、速，它们既含有思想境界和审美方面的要求，也含有技巧技术方面的要求，对后世琴艺影响很大。

绍兴琴派的琴人有尹尔韬、张岱等，尹尔韬曾受命整理内府所藏历代古谱，有作品《徽言秘旨》和《徽言秘旨订》。张岱（1597 ~ 1689）除精于琴外，著有《陶庵梦忆》，其中含有若干音乐、琴艺的资料。明代七弦琴艺术的长处是日益精微深远，同时其意在超脱尘俗的雅化倾向也日益明显。

颜继祖印成《萝轩变古笺谱》

明天启六年（1626），由颜继祖辑稿，吴发祥刻版，采用饾版拱花技术印成木刻彩印画集《萝轩变古笺谱》。

颜继祖，字绳其，福建漳州人。万历年间进士，官至太常少卿、山东巡抚。为明末出版家，著有《又红堂诗集》、《双鱼集》。

饾版是出现于明末的木版水印的一种，是在木刻画彩色套印墓础上发展的一种套印技术。根据画稿的色彩要求，分别勾摹，把印版雕刻成几十块甚至上百块的小木版，然后固定位置，用水墨、颜料逐色由浅入深依次套印或叠印，使得印品画面的色彩、层次和韵味接近原作。因印版琐碎堆切，犹如饾钉，故名。拱花是一种不着墨的印

《萝轩变古笺谱》，刊于天启六年(1626)，是现存最早的饾版、拱花彩色套印刻本。

刷方法，近似现代的凹凸印，通过凸出或凹下的线条来表现花纹，衬托山水花鸟鱼虫的形状。

《萝轩变古笺谱》分上、下两册，上册 49 张 98 面，分为自撰小引、目录、话诗、筠蓝、飞白、博物、折赠、琱玉、斗草、杂稿；下册 45 张 90 面，由目录、选石、遗赠、仙灵、代步、搜奇、龙钟、择栖、杂稿组成。该谱是中国早期饾版木刻彩印的珍品，现藏于上海博物馆，上海朵云轩曾于 1981 年复刻出版。

《萝轩变古笺谱》是印刷史上饾版拱花结合的代表作之一，它的印成，标志着中国木版水印技术有了很大的突破。

复社建立

明末，东林党声名大振，被各种保守势力视为大敌。天启三年（1623）后，魏忠贤擅权乱政，东林党人遭到残酷镇压。但江南地区又有一批有强烈政治责任感的中小地主知识分子，接过东林旗帜，运用结社的形式，继续与贵族大地主的腐朽政治作斗争。影响最大的是崇祯年间的复社。

复社的主要领导人是张溥、张采。天启四年（1624），正当魏忠贤飞扬跋扈时，张溥慨然在苏州创立应社。江浙各地的名士纷纷响应入社。应社

张溥为之作《五人墓碑记》的苏州五人墓

名义上以读书为社事，实则旨在提倡名节，改变社会风气。天启六年（1626），"苏州民再变"，市民颜佩伟、杨念如、马杰、沈扬、周文元 5 人为反抗魏党暴政而献身。次年，魏忠贤死，张溥作《五人墓碑记》热情讴歌 5 烈士，表达了鲜明的政治立场。崇祯元年（1628）春，张溥、张采在北京召集同志成立燕台社，这标志着二张已由以文会友、探索学问步入政治领域。第二年，正当明王朝危机空前的时刻，张溥以天下为己任，在江苏吴江尹山召开复社

成立大会，将南北各地文社合为一社。并提出以忠君爱民（致君泽民）为宗旨，"……期与四方名士共兴复古学，将使异日者务为有用，因名曰复社。"（陆世仪《复社纪略》卷一）。复社的宗旨继承了东林党的政治主张。张溥说："吾嗣东林。"所以，复社被视为"小东林"。

复社为东南一大社，并以江南为中心。张溥还立社规，制社词，定课程，互相分工，以共同振兴学术，培养人才，拯救明室为先务。在组织方面，各地均设有社长，专门负责内政和外交。又通过编辑文集详细登录社友姓名，以示门墙之峻；分注郡邑，以见声气之广（《复社纪略》卷一）。复社"党羽半天下"，全国18个省、市有姓名可考的社员达3025人；文章数千篇。"从来社集未有若是之众"，"社艺亦未有如是之盛"。张溥被称为"在野政党之魁杰"。

复社是中小地主阶层知识分子的政治联盟。虽然思想上有些幼稚，也未能扭转中国封建政治的历史进程，但它毕竟是社会的进步，是对历史的继承和发展。

复社尊经复古

复社成员在文学上受前、后七子复古主义影响很大，"志于尊经复古"；加上他们在创作中能注重反映社会生活，感情激越，具有强烈的现实主义倾向，涌现出一批颇有成就的文学家，如诗词方面的吴伟业，诗歌多写哀时伤事，富有时代感，《扬州》四首，是他七律的力作，而他的七言歌行更为出色，音节极佳，情韵悠然，《圆圆曲》讽刺吴三桂降清；《临江参军行》颂扬抗清将领；《松山哀》讽刺洪承畴降清，内容深婉，有"诗史"之称。在散文方面，张溥风格质朴，慷慨激昂，明快爽放，直抒胸臆，其《五人墓碑记》赞颂苏州市民与阉党斗争，强调"匹夫之有重于社稷"为"缙绅"所不能及，叙议相间，以对比手法反衬5人磊落胸襟，为传诵名篇。另有黄淳耀的散文简洁明晰、活泼有致。侯方域的散文富于浪漫气息。

在经学方面，复社成员也有很大成就。张溥、张采等人曾"分主五经文章之选"，提倡熔经铸史，整理古籍。顾炎武研究经学，反对空淡，注重确实凭据，辨别源流，审核名实。黄宗羲坚决反对明末空洞浮泛的学风，倡言治史，开浙东研史之风。他的《明夷待访录》是其进步思想的集中表现，也是其纵横恣肆、宏伟浑朴散文风格的鲜明表现。黄宗羲论文主张言之有物，反对那些"徒欲激昂于篇章字句之间，组织纫缀以求胜"，讥刺内容"空无一物"的作品。顾炎武、黄宗羲倡导"经世致用之学"，关心和研究社会问题，开创了清代学术研究的新风气。

毛晋办汲古阁

明万历年间，毛晋创办汲古阁，开始收藏并刻印出版藏书。

毛晋（1599～1659），原名凤苞，字子久，号潜在，晚年改名为晋，改字子晋，改号隐湖、笃素居士，江苏常熟人，明末清初藏书家、出版家。明天启七年（1627）乡试落第后遂专心于收藏和出版

虞山毛氏汲古阁图

事业。时常熟一带流传"三百六十行生意，不如鬻书于毛氏"。他辛苦经营二三十年，收藏书籍达84000余册，且多宋、元刻本，均收藏于汲古阁和目耕楼。

汲古阁的作用和意义不仅表现在收藏书籍上，更重要的是在中国古代出版事业中，汲古阁起着积极的作用。毛晋自19岁开始刻书，所刻书初题绿君亭或世美堂，后多用"汲古阁"名义刊行。自明万历年间到清初的40余年内，刻有10万余块书板，《十三经》、《十七史》、《六十种曲》、《径山藏》等八九百种书籍，为历代私家刻书最多者。

依据毛晋之子毛扆出售藏书时所编之书目，"汲古阁"共收宋元本及抄本、稿本等480余种，这虽非藏书全目，但从中仍可窥见其梗概。

李濮开竹雕金陵派

明代竹雕两大派，除嘉定派外，还有金陵派。金陵派与嘉定派迥然异趣，据记载，金陵派讲究浅刻，多为根雕，根据竹材，略加雕刻，便得自然之趣。

金陵派以"李濮"为代表，李即为李文浦，濮为濮澄。李文浦事迹不详。

以创金陵派著称的濮澄，复姓濮阳，单称濮，字仲谦，生于万历十年（1592）。濮仲谦的竹雕，不用精雕细琢，只就其天然形态，稍加凿磨，即已成器，大有"文章本天成，妙手偶得之"之趣。其审美观念及创作方法可上拟西汉霍去病墓石刻。

濮澄竹雕松树形壶

两者年代虽然相去甚远，器物也大小悬殊，但脉理实相通。仲谦同时代人张岱著《陶庵梦想》，谓仲谦貌若无能，"而巧夺天工焉。其竹器一帚一刷，竹寸耳，勾勒数刀，价以两计。然其所以自喜者，又必用竹之盘根错节，以不事刀斧为奇，经其手略刮磨之而遂得重价。"其创作方法略见一斑。濮仲谦因声名甚著，故赝品特别多。但真正反映金陵派特点的传世之作则没有发现。故宫博物院所藏松树形竹根壶，柄下有"仲谦"楷书款，确为竹雕精品，但其刀法深而繁，又不似其代表作。

濮仲谦之后，金陵派率意操刀而自然成器，罕见有人。直到百余年后，始有扬州潘西凤，偶或近似。这比起三朱之后，门徒众多，由门户而扩展为宗派，逊色得多。故严格来说，金陵派可以说仍未成派。

鼓词弹词开始流行

元代的词话，到明代已衍变出多种称谓。如词说、门词、盲词、弹鸣词话、弹词等。其发展结果是形成北方鼓词和南方弹词两大系统。

明代的鼓词的源头至今尚难定论。不过从说唱相间，表演长篇故事，并以鼓为主变击节乐器以及乐种名称等等因素看，鼓词和宋代鼓子词可能存在着历史联系。后来鼓词兴盛，鼓子词衰亡，可能与词调音乐的衰亡有关。

鼓词的内容大多是金戈铁马、英雄征战的历史故事，鼓词以演唱者自击鼓板为特点，或有丝弦乐器伴奏。明代的鼓词有民间鼓词和文人拟作的鼓词之分，已知的民间鼓词有《大明兴隆传》和《通俗大明定北炮打乱柴沟全传》。

嘉靖年间制作的五彩鱼藻纹盖罐

弹词的最早记载见于《西湖游览志余》（1547）卷二十，它记述杭州八月观潮的情景说："其时优人百戏、击球、关扑、鱼鼓、弹词，声音鼎沸。"

弹词当以用弹弦乐器的琵琶伴奏为最普遍，弹词的唱词以七字句为主，其演唱者大多是盲人，有男有女，他们依靠歌喉和十指琵琶，演唱古今故事，走街串户，以觅衣食，盲艺人的社会地位都十分卑下。

明代的弹词传世作品有《白蛇传》、《鸾凤图》、《碧玉环》、《玉钏缘》，周殊士的《珍珠塔》等，这些作品的故事情节，以婉丽为特色，常常表露青年男女对于婚恋自主的追求，有时也能在一定程度上揭示封建宫廷和权贵对于人民的凶残迫害，或其内讧中的卑劣无耻，表现善良人民间风雨同舟，患难相助的高尚情操，但它们往往也表现出对于富贵功名的渴求，对于男尊女卑，三妻四妾的赞美，或以神威仙助，巧合传奇来点缀，以虚幻的大团圆来终场。

总之，市民的复杂心态在这类作品中的表现，比在俗曲中更为具体而细腻。

冯梦龙编成三言

　　冯梦龙（1574 ~ 1646），字犹龙，又字耳犹，别号墨憨子，龙子犹，长洲（今江苏吴县）人，明代通俗文学家，戏曲家。博学多识，才情横溢，为人旷达，治学不拘一格，他在通俗文学的各个方面都有重大贡献，尤以编选"三言"影响最大。

　　"三言"即《喻世明言》（旧题《古今小说》）、《警世通言》、《醒世恒言》三部短篇小说集。明代出现

明代罗盘

了文人模拟话本创作的"拟话本"。"三言"就收入不少拟话本。

　　天启二年（1622），宦游在外的冯梦龙因言论得罪上司，归居乡里。天启六年，阉党逮捕周顺昌，冯梦龙也在迫害之列。于是冯梦龙居于乡间，发愤著书，在广泛收集宋元明本和明代拟话本的基础上，完成了"三言"的编纂工作。

　　"三言"中每个短篇小说集各40篇，共120篇，其中明代拟话本约有七八十篇。"三言"题材广泛，有对封建官僚丑恶的谴责和对正直官吏德行的赞扬，有对友谊、爱情的歌颂和对背信弃义，负心行为的斥责，其中不少的作品描写了市民的生活。如《杜十娘怒沉百宝箱》，《卖油郎独占花魁》等。这些作品强调了人的感情和价值，并提出了与封建礼教、传统观念相悖的新的道德标准以及婚姻爱情标准。"三言"里也有一些描写神仙道化，宣扬封建伦理纲常的作品。这种进步和落后交织的现象，正是新兴市民文学的基本特征。

　　在艺术表现方面，"三言"中那些优秀作品，既重视故事完整，情节曲折和细节丰富，又调动了多种表现手段，刻划人物性格。"极摹人情世态之

歧，备写悲欢离合之致，可谓钦异拔新，洞心戒目。"（《今古奇观序》）"三言"标志着中国短篇白话小说的民族风格和特点已经形成。"三言"的出现，不仅使许多宋元旧篇免于湮没，而且推动了短篇白话小说的发展和繁荣，影响深远。

冯梦龙对文学的贡献除编选了"三言"外，小说方面，增补了长篇小说《平妖传》，改作了《新列国志》，鉴定了《盘古至唐虞传》、《有夏志传》、《有商志传》等；民歌方面，刊行了民间歌曲《挂枝儿》、《山歌》等；另外还改编了《精忠旗》、《酒家佣》等戏曲；创作了《双雄记》和《万事足》两部剧本。

四毁东林书院

书院是中国古代一种特有的教育组织和学术研究机构。书院兴于唐代，延续至清末，它对中国古代教育、学术的发展，人才的培养，都产生了重要的影响。

东林书院是明末影响最大、特点最为突出的书院。由顾宪成及其弟顾允成于万历三十二年（1604）创办，于无锡县，其后，高攀龙

明崇祯本《醒世恒言》

叶茂才相继主管其事。东林书院的最大特点是积极参与当时的政治运动，致力于讽议朝政，裁量人物，为此它名声大振，许多在野人士"闻风响附"，一部分在朝官员也"遥相应合"，时称"东林党"。但同时"忌者亦多"，并由此在明末4次遭到统治者的禁毁。

第一次是在嘉靖十六年（1537），御史游居敬上疏，指斥湛若水"倡其邪学，广收无赖，私创书院"。第二次是在嘉靖十七年（1538），吏部尚书许赞以"官

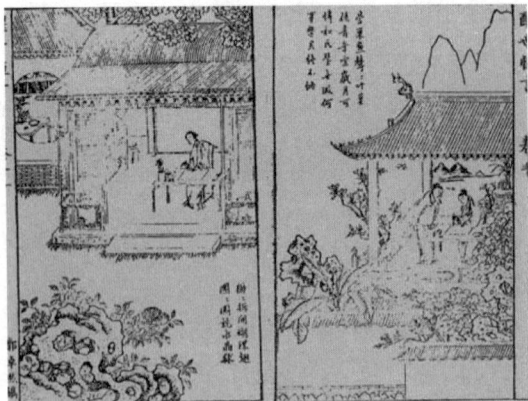

学不修，别起书院，耗财扰民"为借口，申请禁毁天下书院。第三次是在万历七年（1579），张居正为了整顿吏治，整顿教育，遂以书院多无实力，且"科敛民财"为理由，封闭全国书院。第四次禁毁，也是致命的一次禁毁发生在天启五年。

天启四年（1624），东林党人杨涟上疏参奏魏

东林党的根据地——"东林书院"旧迹

忠贤二十四"大奸恶"，群僚响应，一时间弹劾魏党的奏章不下百余。魏忠贤对此恨之入骨，策划反扑。天启五年，他们借辽东经略熊廷弼失陷广宁一事，诬陷熊廷弼曾贿赂杨涟、左光斗。魏忠贤爪牙王绍徽还作《东林点将录》，崔呈秀作《同志录》，提供了东林党人的黑名单，把东林党人逮杀殆尽，并毁东林书院。至此，东林书院受到毁灭性的打击。

四毁书院的根本原因是封建统治者加强思想控制的一项政治措施。

基督教再次传入

自唐代传入中国的基督教，在唐代和元代得到相当的传播和发展。元朝灭亡后，基督教也随之沉寂。明朝建立后，对外实行严厉的海禁，与此同时，欧洲经历了一场新文化运动——文艺复兴运动，基督教内分为以罗马为中心的天主教和以君士坦丁堡为中心的东正教，以及后来的新教。欧洲列强积极开展海外殖民掠夺，一些传教士成为对外侵略扩张的急先锋，这样基督教于明末再

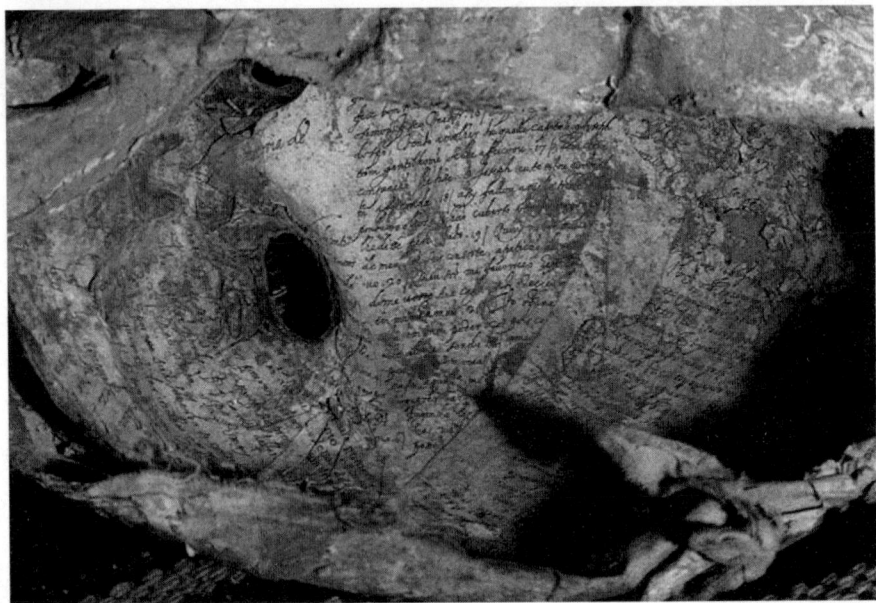

骷髅面具里面葡萄牙文《圣经》。公元 1624 年，天主教耶稣会神甫、葡萄牙人安东里奥·德·安德拉德受印度果阿教区总主教的派遣，到西藏阿里地区传教。因当地人信奉喇嘛教，传教 4 年仅发展教徒近百人。本面具是喇嘛教跳神用的，但里面裱糊的纸张为葡萄牙文《圣经》片断，除三片是印刷字外，其余全为手抄字，是葡萄牙传教士深入当地传教的极好物证。下图为面具外形。

次传入我国。

　　基督教再次传入中国不如唐代和元代，而是非常艰难，这与明的海禁政策有直接关系。1541 年，西班牙人方济各·沙勿略（1506～1552）受罗马教皇保禄二世和耶稣会会长罗耀拉派遣，来中国传教，仅仅到了广东沿海的上川岛，连广州都无法进入，最后客死荒岛。自元代覆亡后基督教向中国发起的第一次进攻就这样失败了。传教士们不甘失败，终于在中国门口找到了一个中间站——澳门。在澳门，传教士们积极作打开中国大门的准备。1578 年，耶稣会的印度和日本教务巡阅使范礼安在澳门专门研究中国的情况，他针对外国人到中国传教，语言不通，听众甚少的情况，首先学习中国的语言和文字，在澳门组织了罗明坚（1543～1603）、利玛窦（1552～1610）等 40 多名优秀传教士学习汉语和中国的典籍文章，并利用西方先进的物质文明与精神文明成果"打开中国大门"。罗明坚利用葡商每年春秋两季去广州交贸的机会，随队进入广州，以熟悉中国礼仪典章而受到破格礼遇，以中国人未见的时钟等礼品献给广东总督而被准许留住天宁寺，并以剃发易服为条件同利玛窦一起住进新总督所赐的"仙花寺"。这样，天主教与西方商品共同进入中国，使明成祖以来严厉的禁海令被打开了一个缺口。

利玛窦是明末传教士中最著名的代表人物，是在华传教事业的开拓者，有才识胆量，又善于交际，凭借他广博的中国文史知识，雄厚的西方天文、地理、历法知识，很快在中国上层儒士中交了一批朋友。又通过礼品的馈赠，迅速在南京、南昌等地建立了住院，取得了传教的权力。1596年，任在华耶稣会会长。他尽力使天主教教义适合中国的情况，这样，教徒队伍迅速扩大，在职官员和著名儒生也纷纷参加，尤以徐光启、李之藻、杨廷筠3人最为知名。这些朝廷重臣、著名儒生的参与，大大加快了基督教在华传播的速度。

基督教再次传入，从传教士在华活动的实际情况上看，属于和平传教事业。基督教把四方先进的自然科学及物质文明成果带入我国，西方近代天文、地理、数学、几何、物理、水利等某些知识，也在此时传入，这些对中西文化交流起着积极的作用。

饾版印刷兴起

彩色套印技术发展到明代中期，出现重大突破，发明了饾版印刷和拱花技术。饾版印刷是分色分版的套印方法，因其使用几十块如钉一样的小印版进行套印、迭印而得名。它不用油墨，只用水调颜料印刷，相当于今人的木版水印。其工艺过程是：把同一版面分成若干个大小不同的颜色，逐个印在同一张纸上。一幅图画往往要刻上三四十块版，分先后轻重印刷六七十次之多，一花一叶，都要分出颜色的深浅和阴阳向背来。通

《十竹斋笺谱初集》一幅

过多种色调的套印、迭印，以求达到与原稿同样的艺术神韵。因此所用颜料和纸张均与原画稿一致，故最能保持中国传统绘画艺术的本色。

万历三十三年（1605），安徽歙县程氏（君房）兰堂刊刻的《墨苑》内有一幅《天姥对庭图》，用五色墨，有红色、黄色的凤凰和绿色的竹子。次年，新安黄一明刊刻的《风流绝畅图》彩印本，人物的衣履及肤色日光都印得非常出色。此后，吴发祥、胡正言又对饾版套印作了许多改进。天启六年（1626）吴发祥在金陵用木版水印印出彩色的《萝轩变古笺谱》，全帙两卷，计188面，是中国现存最早的一部版、拱花印刷（把雕板压印在纸上使纸面呈现凸出的花纹，使彩印更有韵味）的笺谱，与现代凹凸压印相似。其刻印之精良，堪称稀世珍品，在世界印刷史上也是绝无仅有的。胡正言刊刻的《十斋画谱》和《十竹斋笺谱》则是饾版印刷的最突出的代表作，成就极高。

1631 ～ 1640A.D.

明朝

1631A.D. 明崇祯四年　后金天聪五年

高迎祥、张献忠等三十六家会于山西米脂，李自成亦参与策划。

1632A.D. 明崇祯五年　后金天聪六年

洪承畴等连败义军于平凉、甘泉、铜川桥、延水关等地。

1635A.D. 明崇祯八年　后金天聪九年

闻洪承畴督师东下，十三家会荥阳商应敌术，用李自成策，分路发展以疲官军。

1636A.D. 明崇祯九年　后金天聪十丰清崇德元年

金帝祭告天地，受尊号，改国号为大清。追上祖宗庙谥，率遵汉制。

七月，高迎祥为陕西巡抚孙传庭所败，被俘磔死，部下奉李自成为闯王。

1637A.D. 明崇祯十年　清崇德二年

正月，清兵入江华，俘朝鲜王后宫，朝鲜王请降，称臣上表。

1638A.D. 明崇祯十一年　清崇德三年

自夏至秋，李自成等叠为孙传庭、曹变蛟、左光先等败于陕西，过天星等皆降，惟自成东走。十月，又为洪承畴拒于潼关，大败，入商雒山中。

1640A.D. 明崇祯十三年　清崇德五年

李自成至河南，饥民纷纷归附，势复振，遂攻宜阳，破永宁、宝丰、密县，李信 . 牛金星从之为策画。

1632A.D. 伽里略发表《关于两个世界体系的对话》。

1635A.D.

皇帝腓迪南二世与萨克逊选侯等媾和。三十年战争之第三阶段自 1630 年起，至是终了。

法兰西学院于今年创立。

1637A.D.

笛卡尔作《几何学》。

1640A.D.

查理于五月五日下令解散议会（此次议会被称为"短命议会"）。

同年八月，苏格兰战事又爆发，查理党失败。为筹集此项费用，查理被迫于十一月初召集第五届议会——长期议会。

帝国落幕中的文明

朱由检重用太监

崇祯帝朱由检初即位时，鉴于魏忠贤之祸，撤去各镇守宦官，委任大臣。时过不久，因廷臣门户之争日烈，加上兵败饷绌，大臣却不能进一策而有所献力，崇祯想复用近侍。崇祯四年（1631）九月九日，崇祯遣中官王应朝、邓希诏等监视关、宁、蓟镇兵粮及各边抚赏，王坤、刘文忠、刘允中监视宣大、山石军马，张国元、王之心、邵希韶监视蓟镇、东协、中协、西协军马，命高起潜监视宁、锦兵饷。随后，又任命太监张彝宪总理户、工二部钱粮。并为之建署，

北京智化寺，原为明初司礼太监王振家庙，后敕赐名报恩智化寺，可见太监之显赫地位。

名为"户工总理"，遣唐文征提督京营戎政，王坤往宣府，刘文忠往大同，刘允中往山西，各监视兵饷。从此太监监军之风大开，这些监军多侵吞军款，每战先逃，使军务更坏。吏部尚书闵洪学率朝臣上疏力争，遭崇祯呵斥，于是宦官之势再次猖獗。

祖大寿等降后金

崇祯四年（1630）七月，皇太极得知明筑大凌河城的消息，率领后金军进围大凌河城。八月初，后金包围大凌河城，另派军队堵截锦州大新城诸县，继而由耿仲明举众内应，孔有德占道。守城将领祖大寿曾几次突围而战，互有杀伤。后明兵中伏，只有困守城中。辽东巡抚邱禾嘉与总兵官吴襄、宋伟

合军赴援，被后金兵打败。大凌河久困援绝，明军处境越来越难。至冬，城中粮尽，祖大寿杀副将何可纲、张存仁等投降后金。

正当后金军围困大凌河之际，明登莱巡抚孙元化也派参将孔有德和千总李应元率兵驰援大凌河。军队行至吴桥时，正值天大降雨雪，士兵乏食，地方官又故意闭门，导致士兵哗变。变兵东返，连破陵县、临邑、商河、济东、青城、新城诸县，继而由耿仲明举众内应，孔有德占据登州。崇祯五年（1632），明军围攻登州，孔有德、耿仲明败退海上，于崇祯六年（1633）四月投降后金。

崇祯七年（1634）二月，广鹿岛副将尚可喜亦率兵丁3000余人投降后金，自此皮岛孤悬海外，明军在海上的势力大衰。

祖、孔、耿、尚投降后，后金的军事力量大大增强，不仅有了一批得力的汉将，而且还拥有了水师和制造红夷大炮的技术人员。此后，在松、锦对峙中，明朝已完全处于被动地位。

徐光启去世

徐光启（1562 ~ 1633），字广先，号玄扈，上海人，早年从事过农业生产，万历三十二年（1604）中进士，选庶吉士，授检付，四十四年进左赞善，跟从西洋人利玛窦学习天文、历算、火器等术。后又遍习兵机、屯田、盐笑、水利诸书，从而成为明代少有的学贯古今、兼通中外的科学家。万历四十七年（1619）十一月边廷告急，徐光启主动请缨，以少詹事兼河南道御史练兵通州。天启元年（1628）因病辞官，天启三年复起礼部右侍郎。天启五年以忤魏忠贤遭玱罢，崇祯元年复官，后拜礼部尚书，加太子太保，进文渊阁。崇祯六年（1633）十月九日逝世，赠少保，谥文定。

徐光启像

徐光启雅负经济之才，有志用世，著译甚丰。其巨著《农政全书》是明代最重要的农书。该书60卷，内容涉及农业的各个方面，成为名副其实的全书。

他与利玛窦合作翻译的《几何原本》，成为欧几里德几何学传入中国的发韧之作。崇祯二年（1629）徐光启奉召督修历法。他聘用通晓天算的西士龙华民、邓玉函、汤若望、罗雅谷等同襄历事，历时5年编成《崇祯历书》。在编纂过程中，徐光启亲自测候日月蚀，与同仁一起推算、对比、修正，为中国历法的发展作出了有益的贡献。除上述著作外，徐光启还著有《泰西水法》、《徐文定公集》等。

李自成自成一军

李自成，原名李鸿基，万历三十四年（1606）出生在陕北延安府米脂县怀远堡李继迁寨一个"十世务农"的家庭。李自成幼时牧羊、种田，后来学过打铁，当过酒佣。之后，又应募为银川驿卒，练就一身骑马射箭的好本领。崇祯二年（1629），朝廷撤销驿站，李自成失业，到甘州充任边兵。崇祯三年（1630），李自成聚众起义。崇祯四年（1631）六月初，农民军领袖王嘉胤牺牲，王自用接替为领袖。七月，王自用与老回回、八金刚、扫地王、射塌天以及高迎祥、张献忠等共36营、20余万人马会聚于山西。36营的聚结，表明了农民斗争的组织和实力有了进一步发展。而李自成当时跟随高迎祥，号为"闯将"。

崇祯六年（1633），明廷增调大军开进山西围剿农民军。农民军兵分两支以避实就虚：一支北进河北顺德、真定等地，一支南下黄河以北怀庆、卫辉、彰

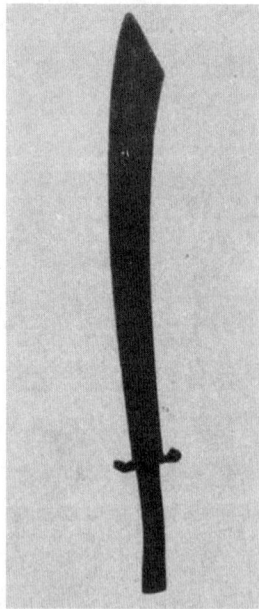

李自成佩用的军刀

德等府。十月，转战于山西、河北等地的高迎祥、李自成、罗汝才、马守应等各路义军会师于河南济源。十一月，义军为了避开明军的围追堵截，踏冰强渡黄河，连陷渑池、伊阳、卢氏三县，然后转至卢氏山区。十二月，又攻入明军守备薄弱的湖北郧、襄地区，连克竹山、光化、均州等地。从这时起，各义军分兵以进。李自成与兄子李过以及李牟、俞彬、白广恩、李双喜、顾君恩、

高杰等自为一军，挺进汉中，从此独领一军开始了轰轰烈烈的反明斗争。

十三股义军大会荥阳

崇祯八年（1635）正月，陕西、河南等地的农民起义势头愈盛。明廷在多次征讨失败之后，又一次调兵遣将，布署新的围剿计划。

明廷调借关宁铁骑，命洪承畴督师出关，与山东巡抚朱大典合兵来攻。为了粉碎官军的重兵围剿，高迎祥、张献忠、马守应、罗汝才、贺一龙、贺锦、许可变、李万庆、马进忠、惠登相、横天王、九条龙、顺天王等13家起义军首领集会于荥阳，共同商讨对官军的作战方案。面对强大的敌人和合围的严重局势，某些义军提出北渡黄河的逃避意见。李自成坚定地驳斥了这种畏惧敌人、不敢斗争的退缩策略。他说："匹夫可奋臂，况十万

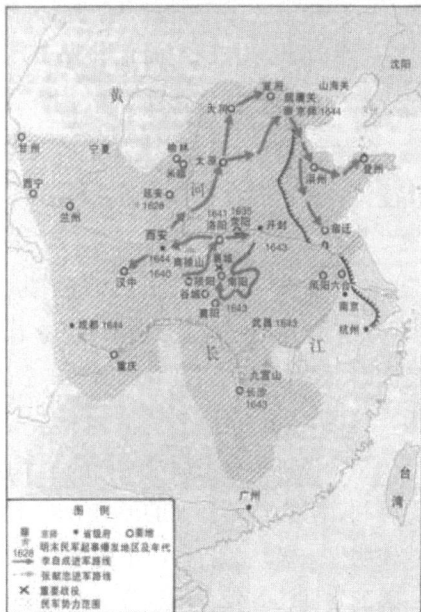

民军进营路线图

众乎？今吾兵且十倍官军，虽关宁铁骑至，无能为也！"并提出"宜分兵定所向"、联合作战、分兵出击的作战方案，得到大家的一致赞同。会议决定：贺一龙、贺锦部南挡川、湖兵，横天王、马进忠部西迎陕兵，罗汝才、惠登相部扼守河上，高迎祥、李自成、张献忠部攻略东方，马守应、九条龙部往来策应。因当时陕西官军较强，又增加李万庆、许可变两部为两路军后继。同时还决定，攻破城邑所得的战利品，一律平均分配。

荥阳大会是明末农民起义军在军事上有目的、有计划的联合作战的开始，也是中国农民战争史上的创举。会议根据当时的情势，制定了比较周密的作战计划，对各路义军作了比较明确的分工，并约定相互配合、协同作战。这

些都说明了农民军战略战术思想的提高。通过这次大会，李自成的声望也日益升高，并最终成为明末农民起义的主要领袖。

皇太极建清·征服朝鲜

　　天聪十年（1636）四月十一日，皇太极在统一漠南蒙古及接纳了祖大寿、孔有德、耿仲明、尚可喜等人投降的胜利声中，接受诸贝勒的建议，在沈阳宣布称帝，用满、蒙、汉三种表文祭告天地，改国号为"大清"，改年号为崇德，改族名为"满洲"，并受尊号"宽温仁圣皇帝"。次日，清太宗率百官祭太庙，尊父努尔哈赤为太祖，随后又大封臣属。

　　皇太极称帝是在后金对外战争不断取得胜利、势力逐渐扩大的形势下进行的。这表明皇太极认为自己已不再是一个地处一隅的女真族首领，而是统治着一个大国的君主。因此称帝之举，是皇太极向人们进一步表明自己的政治抱负的重要步骤。

清太宗皇太极像

　　在皇太极称帝的同时，朝鲜因不堪后金的各种勒索而与后金的矛盾更加激化。皇太极决心在登基伊始便征服朝鲜。崇德元年（1636）十二月，皇太极率大军进攻朝鲜。清军兵分两路：左翼由多尔衮、豪格率领，由宽甸入长山口取道昌城，南下平壤；皇太极与代善亲率右翼，从东京大路经镇江进入朝鲜。十四日清军大队抵达安州，朝鲜国王逃到汉江南岸的南汉山城。二十九日皇太极南渡汉江，包围了南汉山城。崇德二年（1637）正月二十二日，清军在多尔衮率领下攻破城池，朝鲜国王被迫投降。从此，朝鲜正式成为清朝的属国，皇太极在征服朝鲜之后也解除了他对明战争的后顾之忧。

起义军转战南北攻下凤阳

崇祯八年（1635）正月，荥阳大会后，各部农民起义军按议定方向陆续推进。高迎祥、张献忠等部起义军主力，分师3路，向东猛打，进军异常迅速。他们在10多天内，转战千里，连破固始、霍丘等州县，直趋安徽凤阳。

凤阳是明朝的中部，明太祖朱元璋的故里。当时守卫凤阳的官兵有6000多人，防守严密。农民军采取步骑协同作战的方法，以骑兵为先锋，步兵为后继，连续猛攻，于当月十五日攻下凤阳，越过紫金城，烧毁皇陵和享殿，歼守备官兵4000多人。

农民军在凤阳休整3日后，高迎祥、李自成领兵四向，经河南归德、睢州，

传为李自成住过的窑洞

同罗汝才部会师，转战于南阳、汝宁等府州县，继而南入湖北。张献忠率领的一支起义军由凤阳南下经庐州、巢县、舒城、含山、和州、无为，到潜山等地，二月，越过英山、霍山，同马守应部会师于湖北麻城。

农民军北进河南和南下江北诸州县，使明廷更加慌乱，急命洪承畴兼摄5省军务，以围剿的办法对付农民起义军。正当洪承畴督率陕西兵出潼关的时候，农民军则乘其后方空虚挺进陕西。高迎祥、李自成与张献忠部很快又会师于陕西凤翔。六月十一日，李自成大败明军于乱马川。十四日，又于宁州的襄乐阵斩明将艾万年、柳国镇，歼敌1000多人。月底，农民军与明将曹文绍大战于真宁湫头镇。农民军布下精骑数万，伏兵以待。结果官军3000人全

部被歼，曹文绍也自刎而死。从此，农民军"势益强盛"，遂铁骑千里，直入河南。

李自成为闯王

荥阳大会之后，闯王高迎祥率农民起义军东征安徽，随后转战西入陕南，进而攻商州，逼近西安。义军另一部则西攻武功、扶风，困平凉。崇祯八年（1635）六月，李自成率军伏击明总兵官曹文绍，官军溃败，曹文绍拔剑自刎。接着在函谷关又一次大败官军之后，起义军大部进入河南。高迎祥、李逢成则继续领军驰骋于陕西境内，陷咸阳、破永寿，逼得明廷

李自成施织金黄缎袍

又换主帅，将孙传庭调任陕西巡抚。崇祯九年（1636）七月，高迎祥率部下汉中，走石泉，经陈仓、子午，再次逼临西安。二十日，在今周至黑水峪遭孙传庭部伏击，高迎祥不幸被俘，押至京师后惨遭杀害。高迎祥死后，大家共推李自成为闯王。经过9午多来的南征北战，这时的李自成已是一个胆略兼备、很有威望的农民军领袖。他率领的部队坚甲铁骑，兵仗精整，战斗力很强，并深得将士的拥戴。

自李自成高举闯王的旗号之后，他率领高迎祥这支起义队伍，转战于阶、徽、沔、陇、凤翔等地。崇祯十年（1637）初，进攻泾阳、三原，进逼西安。十月，李自成与其他8支农民起义军一起，乘四川守备空虚之际，经秦州浩荡入川。李自成一部自七盘关度朝天阁，至广元，连克青川、彰明、盐亭等城，逼围成都。当明廷派重兵入川围剿时，农民军又转入敌后，回师陕西，在川、陕之间与敌周旋。李自成一部愈战愈强，逐渐成为各路起义军中举足轻重的一支队伍。

董其昌去世

崇祯九年（1636），书画家董其昌去世，享年82岁。赠太子太傅，谥文敏。

董其昌，字玄宰，号思白、香光居士，华亭（今上海松门）人。万历十七年进士，选庶吉士，授编修，充讲官，出为湖广副使，以疾归。病愈起督湖广学政，不徇请嘱，为势家所怨，遂唆使生儒数百人鼓噪，毁其公署，董其昌为此又请归。后来朝廷曾任命他为山东副使、莱州兵备，河南参政，他均未赴任。泰昌元年（1620）召为太常少卿，天启二年（1622）擢太常寺卿，天启五年正月拜南京礼部尚书。当时阉党擅权，一年后他便辞官归里。崇祯四年（1632）复职，掌詹事府事，崇祯七年致仕。

董其昌：山水小景八幅册（之三）

董其昌是明末著名的书画家。其书以米芾为宗，又自成一家。其画集诸家之长，行以己意，潇洒生动。其书画风格对当时和以后都有很深的影响。著有《容台文集》9卷，《诗集》4卷，《别集》1卷，《画禅室随笔》4卷等，辑《神宗留中奏疏》。

杨嗣昌定四正六隅十面网的围剿战略

崇祯九年（1636）秋天，明兵部尚书张凤翼卒，明廷遂起用杨嗣昌代其位。崇祯十年（1637）三月，杨嗣昌至京师，崇祯皇帝召其应对。杨嗣昌博涉文史知识，工笔札，有口才。崇祯与他谈话后，对他深为信爱。随后，杨嗣昌即议大举征讨农民军之策，请以陕西、河南、湖广、江北官军为"四正"、四巡抚分剿而专防；以延绥、山西、山东、江南、江西、四川为"六隅"，六巡抚分防而协剿。四正六隅合为十面之网，而总督、总理二臣，专事征讨。为实现四正六隅十面网之策，他又建议增兵12万，增饷280万。筹饷的办法有四个：一是因粮，因旧额量加，额输六合，石折银8钱，份地不与，岁可得银1929000余两；二是溢地，

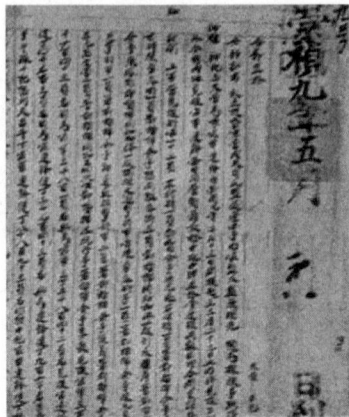
崇祯九年兵部起稿（局部）

土田溢原额者，核实输赋，岁可得银469000余两；三是事例；富民输资为监生；四是驿递，前此邮驿裁省之银以20万两充饷。思宗均允准。并改因粮为均输，布告天下。不久，杨嗣昌又推荐熊文灿为兵部尚书兼都御史，驻郧阳代卢象升总理南京、河南、陕西、四川、湖广军事。熊文灿推行先抚后剿策略，与杨嗣昌的军事围剿相结合，对农民起义产生了很大的威胁。

复社反对阮大铖

阮大铖原为魏忠贤阉党党羽，在崇祯帝处治逆案时，阮大铖遭到废斥，之后他一直匿居南京。崇祯十一年（1638）七月，阮大铖与革职巡抚马士英相勾结，图谋起用，力求以边才进身。南京复社成员黄宗羲等140人列名公布《留都防乱帖》，广为传播，以揭露抨击阮大铖的阴谋。自此，复社名声大起，而阮大铖也因此对复社怀恨在心，终于在他把持南明政权时对复社大加打击，报了一己私仇。

皇太极大规模攻明

崇德三年（1638）八月，皇太极在相继征服蒙古和朝鲜之后，认为自己确已无后顾之忧，便决定再次大规模派兵深入明朝腹地，进行骚扰掠夺，并用偏师袭击关外的锦州、宁远。八月底，皇太极命多尔衮、豪格、阿巴泰统左翼军，岳托、杜度统右翼军，两路出师征明；九

山海关明代铁炮。炮为崇祯年间所铸。

月二十二日，右翼岳托军从蓟镇西协密云东北墙子岭口入边，二十八日左翼多尔衮军从中协董家口东青山关入边。当时明蓟辽总督吴阿衡、总兵陈国俊正在给监军太监邓希诏祝寿，闻讯后仓猝应战，均被清军所杀。两路清军便从迁安丰润会于通州河西，直抵北京近郊，然后攻掠良乡、涿州，直指山西，并兵分数路南下，一趋苍州霸县，一沿运河南下山东济南，一趋彰德卫辉。在清军大规模深入腹地的情况下，明廷内部却意见不一。

兵部尚书杨嗣昌、监军太监高起潜主和，宣大总督卢象升主战，崇祯帝先是主和，后又主战。因而举措无当，互相掣肘，不能对清军组织有力的抵抗。卢象升兵虽督天下兵，实不及 20000，后战死于巨鹿贾庄，全军败没。明廷急诏洪承畴、孙传庭入卫京师。清军遂乘虚攻入山东，于次年正月连下山东临邑等县，并攻破济南，俘德王朱由枢。二月，因皇太极亲攻山海关，久不能下，入侵清兵渐次撤退。这次清兵南侵，前后共 5 个月，转战数千里，攻破一府 3 州 57 县，俘掠人畜 473000 多，黄金 4000 余两，白银 97 万余两。

李自成败走商洛山

崇祯十年（1637）四月以后，明廷采取先抚后剿，四面合围的策略，使农民起义军的形势变得非常严峻。起义军中的一些不坚定分子纷纷倒戈：拥有六七万人的刘国能投敌，李自成部下祁总管叛变，张献忠也在湖北谷城接受明廷"招抚"，罗汝才又于扬州降明。李自成一部则在四川继续坚持反明斗争，在强敌逼剿下，义军不断向东撤退。

崇祯十一年（1638）正月，李自成率部在撤向陕西的过程中，在川西梓潼遭遇明军伏击，接战不利，损失重大。此战结束后，明总督洪承畴估计李自成会撤向陕

李自成在陕北的行官

西潼关，于是与孙传庭定计，设三伏于潼关南原，每50里立一营，令总兵官曹变蛟在李自成军后追杀。十月，李自成军果然退至潼关南原，官兵伏起，李自成部仓促应战，立即陷于被动，不久义军溃败，将士死伤无数。李自成也身受重伤，妻女、辎重俱失，仅与刘宗敏等18骑突围，隐避商洛山中。其他各路农民军也或降或败，起义暂时转入低潮。

李自成败走商洛山后，他并没有因此丧失信心。在商洛深山之中，李自成"读书、观乾象"，与将士们一起，总结经验教训，并抓紧时间练武、整军，随时准备待机而起。

张献忠复起

崇祯十一年（1638）正月，张献忠部农民军在郧襄一举被左良玉、陈洪范等部击败。献忠军损失惨重，辗转退至谷城。当时熊文灿为总理统率明军，决计主抚，刊檄招降。当年春天，张献忠用重金贿赂熊文灿及总兵陈洪范，又使人赴京师贿首辅薛国观。四月八日，张献忠接受招抚，在谷城降于熊文灿。

明代用于医治眼疾的熏眼罐（江阴县出土）

张献忠在接受明廷"招抚"之后，在谷城表面上"跪拜有礼节"，实际上却训卒治甲杖，不放兵、不应调、不入见制府，"骄不奉法"。同时，张献忠在谷城征粮、征税、扩兵，向熊文灿"要挟无厌"。谷城知县阮之钿预见张献忠必定要反，便告知熊文灿，然而熊文灿听到后却很不高兴。阮之钿于是上疏向朝廷奏报，也未见反应。崇祯十二年五月九日，张献忠在谷城经过一年多的休整，兵精粮足之后，终于重举义旗。农民军杀谷城知县阮之钿，火焚官署，然后挥军攻房县，克郧西，下保康，朝野震动。在不到半年的时间里，张献忠农民军在东起夔、巫，西至成都，北达广元，南及泸州的广大地区内，以快速的军事行动，转战数千里，给官军以有力的打击，为农民起义打开了一个新的局面。

《景岳全书》编成

在明代，除了《本草纲目》作为药物学的经典巨著而蜚声中外，还有许多医书作为医学史上的重要文献而留存至今。《景岳全书》就是其中的一种。

《景岳全书》是张介宾总结各科临床成就而写成的综合性医书。全书64卷，分《传忠录》、《脉神章》、《伤寒典》、《杂证谟》。集瘟疫、疟疾、咳嗽、霍乱、吞酸、泄泻、心腹病、遗精、遗尿、黄疸、阳痿、疝气、脱肛、脚气、秘结、虫咬等病71种。又有《妇人规》、《小儿规》、《痘疹诠》、《外科钤》、《本草正》、《南方八阵》、《古方八阵》及小儿妇人、痘疹外科方剂等。另外还有治疗疾病的基本原理、治疗原则、医方针灸穴位以及历代名家评述，附有病例、药物300余种以及很多的新方、古方。

《景岳全书》是我国医学史上的重要文献。

《食物本草》插图

温补学派纠偏

历代医家都是依据各自所处的时代、地域及临床病案的总结，归结其学术思想的。难免有些疏漏或局限，时代的不断推移，知识积累也随之丰富，因而，后起的学派不断对先前的学术思想进行补充和修正是完全必要的。在明代，医学家们不仅继承和进一步光大了金元四大家的学术思想，而且开始对其学术思想进行补充和纠偏，形成了温补学派。

温补学派的代表人物为薛己、张介宾、赵献可等。

薛己（1487～1559），江苏吴县人，继承家学，曾任太医院御医，他的著作大多收在《薛氏医案》24种中。精通内、外、儿、眼、

明末胡文焕校刊本《食物本草》书影

啮等科，其中《内科摘要》是我国医学史上最早以内科命名的医籍。强调内科杂病多为脾肾虚损，故治疗多用温补药物。

张介宾（约1563～1640），其代表著作为《景岳全书》。最初，他推崇丹溪学派，但随着其临床经验的不断丰富，认识也不断提高，他认识到丹溪学说存在一些局限，因而对其进行批评和纠正，在《景岳全书》中，提出了"阳非有余"、"真阴不足"的思想，认为人体虚多实少，因此创立了甘温固本的治疗大法，代表方为左、右归丸。

赵献可（17世纪），深受《易经》影响，以易理阐发命门之说，认为命门是人身之主和至

著名儒医张介宾塑像

宝，强调"命门之火"的重要性，并将保养"命门之火"的论点贯穿于养生与治疗等一切医学问题之中，故所撰著作称《医贯》。在明代温补派医家中，受《易经》影响者不在少数，如孙一奎和李中梓等，他们在以易理阐释医理方面颇有建树。孙一奎的《医旨绪余》、李中梓的《内经知要》、《医宗必读》等都颇有见地。

以薛己、张介宾、赵献可为代表的温补学派经过对金元四大家的学术思想进行深入总结，并结合自己的临床实践，认识到刘河间、朱丹溪用寒凉药往往会使肾阳受到伤害，有损人体正气，因而强调温补肾阳。并将这一学术观点贯穿于其养生和治病的实践之中。明代温补学派的纠偏，不仅推动了中国传统医学的进步，而且，其不墨守成规，大胆修正前人学术思想局限的务实精神，也直接启示着后世学人。

崇祯帝勤政

崇祯帝朱由检即位后，明王朝面临的是内忧外患、积重难除的危局。外有满清虎视眈眈，不断侵边入塞，大肆掳掠；内有陕、川、豫一带的农民大起义，如火如荼。面对这样的局面，满心想有所作为的崇祯帝宵衣旰食、殚精竭虑，力图挽回颓势。

即位伊始，崇祯帝就大力惩治魏阉逆党，整顿朝廷纲纪，明正典刑。随后遍询朝政，重用有识之士。臣僚每有推荐，崇祯必亲自召对，躬亲识才，量能录用。如杨嗣昌、卢象升等重臣均是在应对时获崇祯信爱而后擢用的。崇祯十一年（1638）四月，崇祯帝御中左门，广召考选诸臣，询问足兵足食之计。知县曾就义应对有据，当即迁翰林院编修。崇祯十三年（1640）四月，崇祯帝又告谕吏部诸臣，命用人时须不拘一格，当年便有 260 余人破格录用。

每有大事，崇祯必召群臣廷议，亦能从善如流，如杨嗣昌献"四正六隅"之策，杨德政上加征练饷之计，崇祯帝均予采纳并督促实施，从而广开言路，广求良策。

崇祯帝在一定程度上也能恤民疾苦。十一年（1638）八月，有外戚诳财虐民，他当即谕示，命其安心守分，不得鱼肉小民。十三年（1640）五月，崇祯帝又告谕户部、都察院，着各级官员务要察吏安民，体恤百姓。

终崇祯一朝，崇祯帝可谓未曾寝食有安。尽管他勤政有加，但终未能改变积弱积贫的局面。

宋应星著成《天工开物》

宋应星（1587~约1661），字长庚，江西奉新人。万历四十三年（1615）中举。先后出任江西分宜县教谕、福建汀州推官、安徽亳州（今亳县）知州。清兵入关后，辞官归里，专心著述。任官期间，留心观察学习劳动群众的生产技术，注意搜集和积累科技资料，并亲自参预各种生产实践和调查研究。鄙视功名利禄，《天工开物序》有"此书于功名进取毫不相关也"之语。厌恶空

《天工开物》插图

谈性理，究心实学。主要著作有《天工开物》、《卮言十种》、《画音归正》、《杂色文》、《原耗》、《春秋戎狄解》、《美利笺》、《观象》、《乐律》等10多种。除《天工开物》外，均已失传。近年陆续发现其4篇佚著的明刻本：《野议》、《论气》、《谈天》和《思怜诗》。

《天工开物》插图

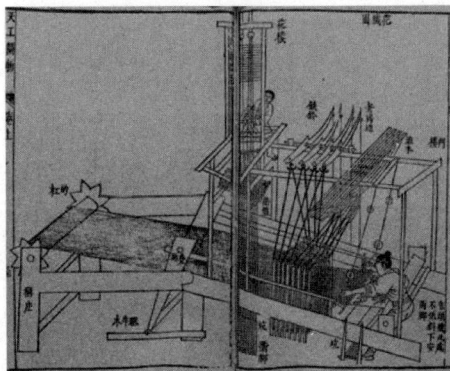

《天工开物》是宋应星任江西分宜县教谕时著成。崇祯十年（1637），宋应星的朋友涂伯聚为之刊行，是为初刻本；明末由杨素卿再为刊印。

《天工开物》分上、中、下编。全书依"贵五谷而贱金玉"的原则，分为18个类目，每类1卷，分别为：乃粒（谷类）、乃服（衣类）、彰施（染色）、粹精（粮食加工）、作咸（制盐）、甘嗜（制糖）、陶埏（制陶）、冶铸（铸造）、舟车、

《天工开物》插图

锤锻、燔石（烧炼矿石）、膏液（制油）、杀青（造纸）、五金（金属冶炼）、佳兵（兵器）、丹青（朱墨）、曲药（酿造）、珠玉。几乎涵盖了古代中国工农业生产各个部门的生产技术。书中附有作者自绘的插图120多幅，画面生动、线条清晰、比例适当、有立体感，真实而直观地反映了古代各种器物的形状、结构及其原理，以及各种工艺的生产工序或生产过程。全书上编记载谷物豆麻的栽培和加工方法、蚕丝棉苎的纺织和染色技术，以及制盐、制糖的工艺等。中编记载砖瓦、陶瓷的制作，牢船的建造，金属的铸锻，煤炭、石灰、硫磺、白矾的开采或烧制，以及榨油、造纸的方法等。下编记载金属矿物的开采和冶炼，兵器的制造，颜料、酒曲的生产，以及珠玉的采集和加工等。

《天工开物》广泛地总结和记录了中国古代劳动人民在农业和手工业生

产技术等方面的丰富的生产实践经验，真实地反映了中国的某些工艺技术水平处于当时世界上先进或领先的地位。如陶瓷制造从选料、制坯、入窑烧制等一系列生产设备、方法和程序，制造竹纸和皮纸的设备和方法，丝绸纺织和提花技术，矿藏开采过程中的井下巷道支护、通风、矿井充填及选洗技术，用铜和锌两种金属炼制黄铜，等等。该书在科学技术上多有创见，如"种性随水土而分"，说明物种可以发生变异，为品种改良提供了理论根据，比欧洲早了120多年。该书记述和总结的一些方法、技术或经验，直到今天还在使用或具有重要的参考价值，如用砒霜拌麦种防治虫害，施用骨灰、石灰改良土壤，用压榨法和水代法提制油脂，用晒盐法代替煎盐法制取海盐，用石灰中和蔗法的酸性和除去杂质等措施，以及在金属铸造过程中金属热处理技术等。

《天工开物》是了解中国古代科技成就的重要文献资料，是国际公认的世界科学名著。

满文改进

天聪六年（1632）三月，为了使满文更好地适应社会的需要，清太宗皇太极令达海改进满文。

满文形成于17世纪前半叶，是努尔哈赤时期，额尔德尼、噶盖等人在蒙古文的基础上创制而成的。作为一种初创文字，它有很多不完善的地方。如同一个读音用不同的字母表示；有的不同读音却用同一字母；也有出在同一个位置上，有好几种写法。这就给满文的应用带来诸多不便。针对这些缺陷，达海等人删繁就简，统一标准，吸收外来语的发音和字形优点，把"无圈点"的"老满文"，改造成"有圈点"的"新满文"。

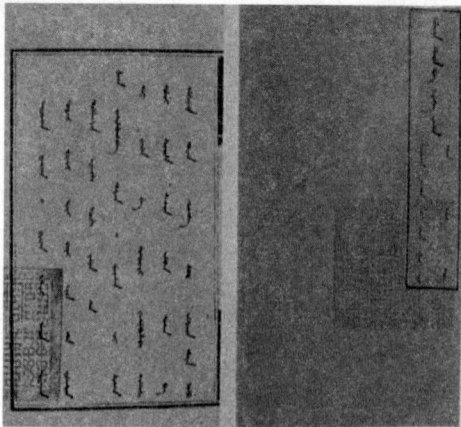

达海所做的改进，主要在以下几个方面：一是利用不加圈和加圈，区别舌根部位、小舌部位和外来音的辅音 k 同 h；利用不加点和加点，区别元音同 u，位于词中位置和词末位置的 a 同 e，以及舌根部位和小舌部位的辅音 k 同部 g，外来音的 k 同 g 辅音 t 和 d 等使字母在表音方面更科学了。二是规范了字母的字形，使字母的写法得到了统一，基本上做到一个音用一个字母形体表示，一字母形体只表示一个音。三是完善了拼写复元音的方法，用字母 y 和 w 置于两个元音之间，y、w 不发音，使前后两个元音拼成复元音。四是增加了拼写外来音的 24 个"外字"，使外来词的拼写更接近口语。这 24 个"外字"用语言学方法分析，实际上是增加了 6 个辅音字母和 1 个元音字母。这 7 个字母，或是满文中没有而又需要的字母，如 ts〔tsh〕、dz〔ts〕、ǔ ž〔ʐ〕、y〔ι〕、〔ŋ〕（方括弧里的符号是国际音标），或是满文中没有这样组合的音节而需增设的字母。例如满文中有舌根辅音 k、g、h 同元音 e、i、u 组合的音节，没有舌根辅音 k、g、h 同元音 a、o 组合的音节，为了表示后一种情况，增加了三个字母。经过达海的改进，满文字母的形体、拼写法都固定下来了，以后再没有什么改变。

满文字母属粟特文字系统，满文是拼音文字。它的基本笔画有字头、字牙、字肚、字尾、圈、点、各种不同方向的撇和连接字母的竖线。在字母旁大量使用圈和点是满文字母的重要特征。改进后的新满文，方便了初学者的理解，也扩大了满文的使用范围，对清朝前期文化的发展起到重要作用。

《满文老档》修成

后金汗皇太极于天聪三年（1629）四月设文馆，巴克希库尔缠等奉命用老满文纂修史书。天聪六年改用新满文

"无圈点"的"老满文"（上图）和"有圈点"的新满文（下图）。两图均为《满文老档》书影。

修撰。崇德年间（1636～1644）完成。记载天命纪元前九年至天命十一年（1607～1626）、天聪元年至六年（1627～1632）和崇德元年共27年的史事。原本合37册。用明代旧公文纸或高丽笺书写，各册长短不齐，厚薄各异。乾隆年间整理抄撰，故除原本外，又有重抄本（包括草本、正本、副本），共有4部存世。原本现藏台湾，其他分藏中国第一历史档案馆和辽宁省档案馆。

《满文老档》记录了满族首领努尔哈赤和他的继承人皇太极在东北广大地区统一女真各部，建立八旗兵制、后金政权，进逼明朝，入扰京师等一系列活动。反映了清初满族社会经济、政治、军事、文化、民族、外交、风俗习惯及宫廷生活等方面的情况，并有当时天文、地理和气象的有关记载。可补清入关后官修史书之不足，对研究清史、满族史，东北地方史、民族史和满族语言演进史都有极其重要的参考价值。

盛京宫殿基本形成

　　盛京宫殿是清太祖努尔哈赤和清太宗皇太极时期在沈阳建造的宫殿建筑。自天命十年（1625）开始，大约花了10年时间，皇宫基本建成，又经过康、乾两朝多次增建，才成了今天这样的规模。

　　盛京宫殿群规模宏大，大约占地6万余平方米。按照建造先后大约可分三个部分：东路由大政殿和15亭组成。大政殿是当时后金王朝举行大典的殿堂，座北朝南，八角形平面，垂檐八角攒尖屋顶。15亭在大成殿前分列左右，呈"八"字形。除了往北端的左右翼王亭之外，其余8亭都依八旗的序列设置。这是努尔哈赤召集八旗王商议国事，供八旗王办公的地方。其建筑格局保存了战争中军帐、营房的遗风。而盛京宫殿有别于其他古代建筑群的重要特点是将皇宫的主要大殿和王公大臣的办

沈阳故宫崇政殿室内宝座

公建筑同置一处。

盛京宫殿群的中路为大内宫殿，依中轴布置了大清门、崇政殿、凤凰楼和清宁宫。崇政殿是皇帝处理日常政务的地方，清宁宫则是帝后的寝宫，该宫的西中部是祭神之所，按照满族的习俗在南、西、北三面建了万字炕，宫外东南角则建右神杆（索伦）。凤凰楼、清宁宫及东西配宫6座都建在一个3.8米的台座上，高台四周筑有围墙，形成宫高殿低的格局，这和北京紫禁城外朝三大殿居于高石台基上，内廷后三宫低于前朝的布置恰好相反。这可能与女真人的生活习惯有关，女真人长期生活在长白山地区，习惯干住在高山台地，努尔哈赤建立全国之后在新宾、界藩山、萨尔浒等地建造的宫室，也人都建在高地上。

盛京宫殿群的西路以收藏四库全书副本的文溯阁为中心，前面是嘉阳堂戏台，后面是仰熙斋。

盛京宫殿的建筑风格还受到蒙族和藏传佛教的影响，如崇政殿的方形檐柱与托木式的大雀替、梁头做成龙头或雕饰，以及天花井口中的梵文装饰图案、柱头上的兽面雕饰、崇政殿大政殿装修上几何图形的藏式小檐口等都是。盛京宫殿还大量地采用琉璃瓦作为装饰材料，装饰风格也颇有特色。总体说来，盛京宫殿不如北京宫殿那样豪华精致，却有一种奔放、粗犷之美。

胡正言印成《十竹斋书画谱》

明崇祯六年（1633）年，胡正言的《十竹斋书画谱》经过14年的刻印、汇集终于辑印发行。这部饾版、拱花木刻彩印的大型画集开刻于万历四十七年（1619），完成于天启七年（1627），又经6年的汇集，整理成八谱16册，一式蝴蝶装。八谱为书画册、竹谱、墨华册、石谱、翎毛谱、梅谱、兰谱和果谱，每谱有序文、小引。全书共集画180幅，字页174幅，往往是一图一文，图文并茂；有诗有画，以画配诗，以诗寓画，用色妍雅，刀法挺秀。其中荟萃了包括胡正言在内的明代150多位书画家的作品，不愧是一部书画作品和版画艺术结合的珍品。

《十竹斋书画谱》的辑印者胡正言（约1580~1671），字曰从，安徽休宁人，寄居于金陵（南京）鸡笼山侧，精通绘画、书法，篆刻，是明代末年有名的书画家、出版家。他的庭院中有十余竿翠竹，故名"十竹斋"。他热心经营木版水印和出版事业，《十竹斋书画谱》便是他多年精心努力的结晶。崇祯十七年（1644）又刊行《十竹斋笺谱》，与《画谱》同属艺术珍品。胡正言另著有《印存玄览》、《胡氏篆草》、《词林纪事》等，辑有《六书正伪》、《千文六书统要》、《牌统孚玉》、《古今诗余醉》、《诗谭》等20余种书。

胡正言印行的《十竹斋书画谱》不仅体现了当时的刻版、印刷水平，而且保存辑录了大量的明人书画艺术作品，成为后世研究的绝好资料。1985年上海朵云轩已把它重新汇成足本并加序文、后记等重刻刊行。

《十竹斋笺谱初集》之一

徐光启《农政全书》刊行

崇祯十二年（1639），徐光启所著《农政全书》刊行。明末杰出的科学家、农学家徐光启从天启五年（1625）开始撰著《农政全书》，到逝世时完成初稿。后经门人陈子龙修订整理，于崇祯十二年（1639）刊行。该书与后魏贾思勰的《齐民要术》、元官修的《农桑辑要》、王祯的《农书》以及清代官修的《授时通考》一起并称为我国的"五大农书"。但其篇幅最长，比《齐民要术》多7倍，比王祯的《农书》也多6倍。

徐光启（1562～1633），字子先，号玄扈，南直隶松江府上海县（今上海市）人，万历三十二年（1604）进士，官至礼部尚书兼东阁大学士、文

《农政全书》手稿

《农政全书》书影

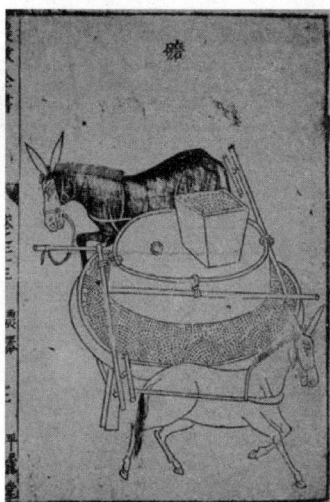

《农政全书》插图

渊阁大学士。他一生著译颇多，如翻译著作《几何原本》、《泰西水法》等，成为介绍西方近代科学的先驱。同时，他还从事了天文、历法、数学、军事等方面的研究工作。但他一生用力最勤、影响深远的要数农业与水利方面的研究，除《农政全书》外，还著有《甘薯蔬》、《吉贝疏》、《芜菁疏》、《北耕录》等书，而以《农政全书》最为著名。

《农政全书》分12目，共60卷，70多万字，包括农本。田制、农事、水利、农器、树艺、蚕桑、蚕桑广类、种植、牧养、制造和荒政等，对当时农业生产的经验进行了系统全面的总结，为后世农学的发展作出了重大贡献。全书条理分明，层次清晰，其结构体系可以说是对我国几千年传统农业所作的最好概括。

《农政全书》体现了徐光启先进的学术思想，包含他对科学认识和研究方法的独到见解。首先，徐光启重视农政措施和农业技术两方面的研究，这是其他综合性农书中所没有的。其"农政"部分包括屯垦、水利、备荒三项，篇幅几乎占全书的一半。这是他企图针对明末朝政腐败、生产凋蔽、农民无法生存的严重情况所提出的补救措施。他认为屯垦、水利、备荒这三项是保证农业生产和劳动者生活安定必备的条件。徐光启认为："垦荒足食，万世永利。"而要使各地特别是西北地区荒废的田地恢复生产，水利是必要的生产条件，故此书中讨论水利问题便用了 9 卷的篇幅。所谓荒政是治标，水利是治本，二者均是徐光启农学思想的组成部分。书中"荒政"类多达 18 卷，综述和分析了历代备荒政策和救灾措施等，并全部附录《救荒本草》和《野菜谱》二书。其次，徐光启重视人的作用，反对条件决定论。他既有风土论，又不唯风土论。认为品种的引种其中亦有不宜者，则是寒暖相违，天气所绝，无关于地，为引种及推广新作物种类和品种扫清了思想障碍，对促进明代农业发展作出贡献。第三，徐光启在书中克服了前代农书对作物栽培技术叙述得不完整的缺点，吸收了谷、蓏、果、蔬、杂等分类法，对各种农作物的栽培技术进行了详细、较为完整的描述。书中还首次全面总结了棉花和番薯的栽培经验。此外，书中还引入数理统计方法来研究蝗虫发生规律，在研究方法上进行了一次大胆的创新。

徐光启在撰写《农政全书》时，除搜集了大量前人的文献资料外，还记下了他本人在农学上许多宝贵的心得。如讲梧桐，说"江东江南之地"如何如何；讲椒子，便说"晋中人多以炸灯也"等，论述比其他农书更为贴切、深刻。他把理论与亲身实践结合起来，掌握了农作物特性及栽培的第一手材料。对前人的文献不是盲目抄录，而是经过精心的剪裁，去其糟粕，取其精华。书中仅农作物类，便有近 80 种写有"玄扈先生曰"的注文或评语，阐述自己独到的见解及经验。这在古代农书中也是别具特色的。

晚明草书风行

从隆庆、万历年间到崇祯十七年（1644）明王朝灭亡，这是明代书法艺术发展的第三个阶段。在这一阶段，飞动的草书和气象奇伟的狂草崛起于书坛；这种书体能够充分地展露艺术家的个人情性，流宕不羁，连绵遒劲，代表着晚明个性化书法艺术的大势。

晚明中草书写得好的有张瑞

倪元璐《自书诗》

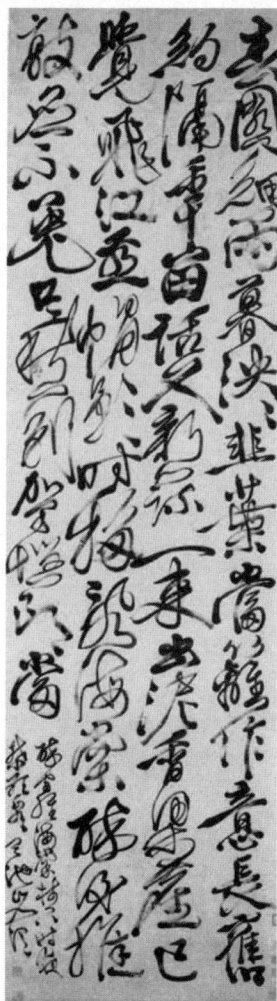

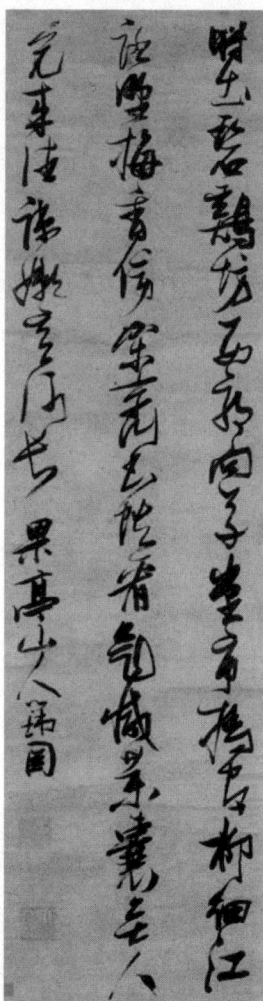

徐渭《七言律诗》　　　　张瑞图《五言律诗》　　　　黄道周《喜雨诗》

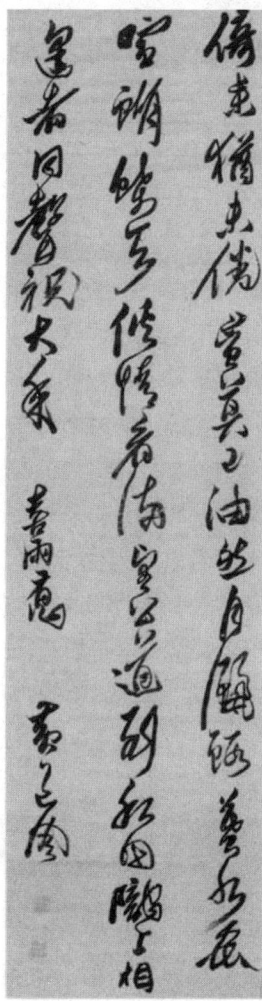

图、黄道周、倪元璐以及徐渭。

　　张瑞图（1570~1641），字长公，号二水，果亭山人，晋江（今福建泉州）人。万历年间进士，官至中极殿大学士。他擅长于行书、草书，书法奇逸，在师法钟繇、王羲之的基础上，却又能脱出钟、王之外，另辟蹊径，参以北碑笔势以标风骨。他的书法体势方而欹侧，用笔扁侧而又能取圆润之意。特点是泯功力于拙朴，藏欹媚为丑怪，风格奇宕，若层峦叠嶂。传世作品有《行草五律诗》轴（故宫博物院藏），《前后赤壁赋》（辽宁省博物馆藏）等。

黄道周（1585～1646），字幼玄，号石斋，漳浦（今福建漳州）人。南明时曾官至礼部尚书，抗清失败被俘，英勇就义。他的古体草书，峭厉圆浑，紧幼劲联绵，带有隶味，自成一体，人称之为"隶草"。他的草书传世作品有《行书王律诗》、《草书七言诗》（皆藏于故宫博物院）等。

倪元璐（1593～1643），字玉汝，号鸿宝，浙江上虞人。官至礼部尚书，翰林院学士。李自成攻入北京时，倪元璐自缢身死。他也工于行书、草书，其草书风格也参入古隶之味，超逸灵秀。草书与黄道周齐名，代表作有《舞鹤赋》卷、《行草七绝诗》（皆藏故宫博物院）。

徐渭（1521～1593），字文长，号天池山人、青藤道士，或署名田水月，山阴（今浙江绍兴）人。他生活于明代中后期。他的书法在明代是很特殊的，袁宏道称其为，"八法之散圣，字林之侠客也"。徐渭的书法大多出于己意，很难看出他得法于谁，是一个无法之法的典型。他擅长行书、草书，尤以狂草著名。他的草书纵横散乱，连行间字距都难以分清，看上去犹如满幅龙蛇，云烟纷绕。尽管如此，却又笔划分明，笔笔到家，决无苟且之处。他运笔浑圆，兼有隶书风貌。其草书代表作为《七言律诗》。

外科手术发展

在明代，中国传统医学在各方面都得到全面发展，前代仅局限于诊治疮疡类疾病的外科其范围已大大扩展，理论、诊治技术及其医疗器械都有长足进步，通过手术方法治疗外科疾病的病例大为增加，使得外科手术获得巨大发展。

中国历史上的许多医家，都反对滥用外科手术方法治疗痈疽、疮疡等外科疾病，认为这类疾病虽表现于外，却根源于内，因而多采用内科方剂调整肌体。时至明代，这种情况有所转变，出现了一大批杰出的外科医学著作和医家，如薛己

明代著名外科医师王肯堂（江苏金坛王氏家传明代所绘）

《外科枢要》把疮疡分了 30 多种，陈实功所撰《外科正宗》（1617），虽也重视调理脾胃功能，但主张用刀，针等扩创引流和用药物清除坏死组织以治疗脓肿。

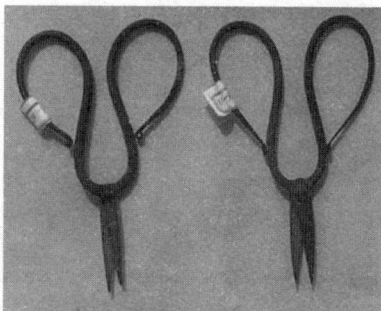

王肯堂是明代最著名的外科医师之一，幼年曾因母病而研习医学，罢官后更潜心于此，著成《证治准绳》44 卷，其中《疡医证治准绳》集中体现了其在外科方面取得的成就，记载了气管吻合术、耳廓外伤整形术等多种外科手术，展示了中国传统医学在外科方面所取得的较早成就。其他如唇、舌外伤后整形手术、甲状腺切除术，肛门闭锁症开通术等都在书中被详细介绍，而其与手术相关的消毒方法和护理措施都十分精谨，有独到之处。

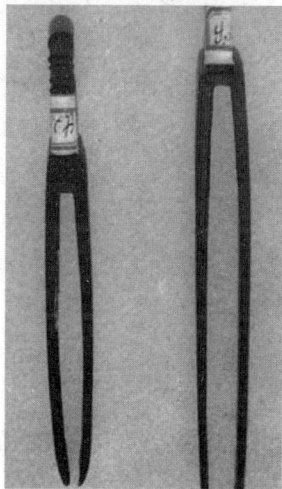

为了实施手术，明代的一些外科医生还设计和制作了许多外科手术及治疗器械。如陈实功在实施鼻息肉摘除术时，先用茴香散对鼻腔局部麻醉，然后用 2 根一端钻有小孔、穿约 5 分长丝线的铜箸伸入鼻息肉根部，用箸头丝线束缚息肉根蒂，然后绞紧并向下拔，息肉即被摘除。为了施行咽喉食道内异物剔除术，陈实功设计制造一种乌龙针，这种针是在烧软的细铁丝的两头裹以龙眼大小的黄腊丸并用丝棉包裹，手术时，将其推进食道鲠骨部位，骨便自然下滑。当遇到针刺进入咽喉的患者时，便将乱麻搓成龙眼大小的圆团，用线穿着，让患者用汤、水吞下后立刻将其扯出，针头便刺在麻中被拉了出来。这些方法和器械均非常简便易行。

在明代，金属外科手术刀具已十分常见，并被普通医家所习用。明代医疗器具，包括柳叶式铁质外科刀、十角柄铁质圆针、铁质小剪刀、铁质和铜

明代外科手术器械剪子（上）、镊子（下）。

明代外科学家陈实功

质制钗，平刃式铁质外科刀等，已在临床实践中被普遍实施。而与现代疝气托的作用大致相仿的治疗疝气的辅助医疗器具在当时已被使用于临床实践。

这足已表明明代外科手术在理论和实践方面所取得的巨大成就。

茅元仪辑《武备志》

明朝末年，茅元仪编成《武备志》一书。茅元仪（1594～1644？年），字止生，号石民，归安（今浙江吴兴）人。自幼"喜读兵农之道"，成年熟悉用兵方略、九边厄塞，曾任经略辽东的兵部侍郎杨镐幕僚，后为兵部尚书孙承宗所重用。崇祯二年（1629）因战功升任副总兵。他日睹武备废弛状况，为振兴明末日益衰弛的武备，汇集前代兵法韬略以至术数之书2000余种，倾注心血，历时15年编辑成《武备志》。

《武备志》是明代大型军事类书，共240卷，约200余万字，图738幅。全书由《兵诀评》、《战略考》、《阵练制》、《军资乘》、《占度载》5部分组成。每部分之前有序言，考镜源流，概括内容，进行评述，阐释观点。《兵诀评》18卷，收录了《武经七书》，并选录了《虎钤经》

《武备志》卷29插图：临冲吕公车图

等书的部分内容，加以评点；《战略考》33卷，选录了从春秋到元代有参考价值的战例，并均有所评点；《阵练制》41卷，分"阵"和"练"两部分。介绍历代各种阵法，配以319幅阵图，"练"，"阵"详细记述选士练卒之法；《军资乘》55卷，分营、战、攻、守、水、火等，下设65项细目，内容十分广泛，涉及到行军、布阵、旌旗号令、攻守城池、配制火药、屯田开矿等事项，颇为详备；《占度载》93卷，分占与度两部分。占，载日、月、星、雷、电、五行、太乙、奇门等占验，反映当时人们对天文气象的某些认识。度，载兵要地志，分方舆、镇戍、海防、江防等类，图文并举叙述了地理形势、关塞

险要、卫所部署、将领兵额、兵源财赋等内容。

《武备志》一书，体系庞大，条理清晰，体例统一，是一部体例完善的大型综合性辑评体兵书。它对改变明末重文轻武、武备废弛的现状有积极的意义。该书是中国古代最大的一部军事类书，在军事史上占有重要地位，为后世所推重。

凌濛初创作二拍

凌濛初（1580～1644），字玄房，号初成，别号即空观主人，浙江乌程（今湖州）人，明末小说家。曾以副贡授上海县丞，后擢升徐州通判并分署房村，后参与镇压农民起义，最后呕血而死。凌濛初著作有拟话本小说集《拍案惊奇》初刻和二刻（人称"二拍"），戏曲《虬髯翁》及《音诗异》、《诗逆》等20多种，其中以"二拍"影响最大。

明本《二刻拍案惊奇》插图

"二拍"刊于崇祯年间，包括初刻和二刻各40卷，共有小说78篇，是凌濛初在当时冯梦龙所编选的"三言"极为盛行的情形下应"肆中人"的要求而作的。作品多半是在古籍中搜求"可新听睹、佐谈谐者"，"演而畅之"（见于《初刻拍案惊奇序》），同时寓有劝惩之意。

"二拍"的许多篇章充斥着色情的描写、因果报应思想和封建说教，唯其部分作品还有相当的积极意义。如反映明代市民生活和他们的思想意识的《转运汉巧遇洞庭红》、《叠居奇程客得助》、《乌将军一饭必酬》等等，反映出明中叶后商品经济的蓬勃发展和人民对钱财的欲望。又如描写爱情和婚姻的作品：《李将军认舅》、《宣徽院仕女秋千会》、《错调情贾母詈女》等等，歌颂了坚贞不渝的爱情，表现了在爱情婚姻中要求男女平等的观点。而《青楼市探人踪》、《进香客莽香金刚经》一类则暴露了统治阶级的贪婪

凶残、荒淫好色。

"二拍"善于组织情节，多数篇章都有一定吸引力，语言也还生动。但总体来看，"二拍"的艺术魅力要比"三言"差得多。

张岱作散文

张　岱（1597　～　约1676），字宗子，改字石公，号陶庵，又自号蝶庵居士。山阴（今浙江绍兴）人，侨寓杭州。明亡后披发入山，安贫著书。有《琅环文集》、《陶庵梦忆》、《西湖梦寻》等。

张岱出身于一个仕宦家庭，他在文学上沿袭公安派、

曾令张岱流连忘返的西湖胜景

竟陵派的主张，反对桎梏性灵的复古主义，提倡任情适性的文风。但又不为公安、竟陵所囿，能吸取两家之长，弃两家之短。其作品题材范围广阔，于描写山水景物之外涉及社会生活的各个方面。明亡后，他隐迹山居，在国破家亡之际，回首20年前的繁华靡丽生活，写成《陶庵梦忆》和《西湖梦寻》两书，以抒发他对故国乡土的追恋之情。张岱文笔活泼清新，时杂诙谐，不论写景抒情，叙事论理，俱趣味盎然。如《陶庵梦忆》中《西湖七月半》、《湖心亭看雪》均写得意境极佳。其他如《金山夜戏》、《柳敬亭说书》、虎丘的月夜、西湖的莲灯，无不写得逼真如画。张岱以散文的成就，被认为是晚明小品文的代表作家。

张岱又是明末爱国史学家。他家经三代积累，聚集了大量明朝史料。他从32岁开始就利用家藏资料编写纪传体的明史。明亡后，他在"市衣蔬食常至断炊"的困苦生活中坚持写作。终于完成了这部史书，题名为《石匮藏书》。当时由于崇祯一代史料不足，《石匮藏书》只记到天启朝。直到康熙初，他应征参加编修《明史纪事本末》，才补写了崇祯一朝的纪传，题为《石匮后集》。

他借辑明代遗事表达了对故国的沉痛怀念和坚贞的民族气节。

他的散文受公安派、竟陵派及徐渭、王思任影响，但又能融各家之长，弃各家之短，风格空灵隽永，清新活泼，时带诙谐幽默之笔。例如明代末年所写的《自为墓志铭》，对自己醉生梦死的生活情趣作了坦率的表露和热烈的肯定。他说"少为纨绔子弟，极爱繁华。好精舍，好美婢，好娈童，好鲜衣，好美食，好骏马，好华灯，好烟火，好梨园，好鼓吹，好古董，好花鸟。兼以茶淫橘虐，书蠹诗魔，劳碌半生，皆成梦幻。"又如《王异人传》、《鲁云谷传》、《王谑庵先生传》等志传，赞美主人公率真独特的性格，表现出崇尚真情、反对虚伪道学的思想倾向。《岱志》、《海志》等游记，不事铺张，不事藻绘，写景纪游如话家常，亲切自然而又如身临其境。《梦忆》、《梦寻》二书，叙述博观约取，简洁传神，文笔隽永清丽，意境优美，语言清新活泼，生动形象，读来情趣盎然。其名篇如《西湖七月半》、《湖心亭看雪》、《柳敬亭说书》等，细致入微，自然动人，至今传诵。

柳敬亭说书

柳敬亭（1587～约1670），原姓曹，名逢春，江苏泰县人，是明末清初说书家，少年曾经因为犯法而被定罪，幸有泰州府尹李三才为他周旋开脱罪名，于是免死罪，但在本地难以呆下去，便到外地去逃生。因为人生地疏，生活无着，他就经常到市井上听江湖艺人说书，时间长了，就留意艺人说书的技巧，自己再加以总结，形成自己的风格，从此在江湖上以说书卖艺来维持生计。

柳敬亭曾拜在对说书艺术有深刻研究的文人莫后光的门下潜心学艺，由于莫后光的精心指导和柳敬亭的虚心刻苦，他的技艺得到迅速提高，艺术精进，名声渐起，由此而结识了一些官僚和文人墨客，一边当艺人说书，一边做幕客出谋划策，走南闯北，晚年生活仍以说书来维持，暮景凄凉。

柳敬亭的说书艺术精湛圆熟，技艺高超，得心应手，口出成章，受到明末清初文人们的高度赏识和重视。他说书的效果能达到"纵横撼动，声摇屋瓦，俯仰离合，皆出己意，使听者悲泣喜笑"的效果，被后世说书艺人奉为一代宗师。

明朝

1641A.D. 明崇祯十四年　清崇德六年

李自成破洛阳，杀福王朱常洵，发王府金赈饥民；二月张献忠破襄阳，杀襄王朱翊铭。九月，李自成大破官兵于孟家庄，俘陕西总督傅宗龙，杀之，十一月，破南阳，杀唐王朱聿镆。

是岁，文学家张溥死。徐霞客去世。

1642A.D. 明崇祯十五年　清崇德七年

二月，李自成大破官兵于襄城，杀三边总督汪乔年，松山副将夏成德开城纳清兵，蓟辽总督洪承畴被俘投降。十月，李自成大破三边总督孙传庭于郏县（柿园之败）。文人沈德符去世。

汉人旗建立。

1642A.D.

第二次来比锡战争。瑞典军统帅托斯顿松大败彼科罗密尼所统率之皇帝军。瑞典军之胜利引起丹麦王克利斯钦四世之嫉忌。

法兰西黎塞留专政十八年，推行官僚政治，发展法国王权，扶植工商业，使法国生产力获得提高。其后路易十四世能在法国建立绝对君主专制，即以此为基础。同年马萨林继位为首相。

一月三日，查理一世企图逮捕众院议员彼姆及罕普顿等五人。彼姆等避入伦敦城，由伦敦市民予以保护。

一月十日查理离伦敦，议会提出统率民兵之要求，为查理拒绝。七月，双方着手召募军队。

1643A.D.

丹麦与瑞典发生战争。托斯顿松之瑞典军入侵丹麦，大肆蹂躏。同年皇帝与巴伐利亚军在塔特林根击败法国军。

英格兰战事爆发，北部与中、西部多倾向国王，东、南部包括伦敦，则倾向议会。乡绅、教会人士倾向国王，城市资产阶级、市民与大部分贵族倾向议会。六月中旬，国王军在查尔格罗夫等地获胜。九月二十五日，国会议员180人及贵族15人签订"庄严同盟与誓约"，且进行与苏格兰议会合作。庄严同盟与誓约宣称将"依照上帝意旨，采用最佳形式"为英格兰、苏格兰与爱尔兰组织一统一的教会——长老会。

荷兰占领台湾

崇祯十四年（1641），荷兰打败西班牙，独占整个台湾。

荷兰人在万历二十九年（1601）驾船航海至广州。万历三十二年（1604）袭击我国澎湖诸岛。天启二年（1622）强占澎湖，在岛上修造工事，建立要塞，并以此为据点，不断袭扰福建沿

台湾安平港

海，屠杀居民，掠夺财物，绑架人口至巴达维亚（今印度尼西亚雅加达）贩卖，沦为奴隶。天启四年（1624），明朝派军将其赶出澎湖。其时荷兰人又占据我国台湾台南的安平，在此修筑"热兰遮"、"赤嵌城"二处要塞，逐步向台湾南部扩张。天启六年（1626），占据鸡笼（今台湾基隆）。

本年（1641），荷兰、西班牙二个殖民主义国家为争夺台湾发生战争，西班牙溃败，荷兰于是以胜者之师占据台湾。

清兵攻明·洪承畴降清

崇祯十四年（1641）三月，明总兵祖大寿与清军接战不利，连连告急。明廷诏洪承畴及巡抚邱民仰率宣府杨国柱、大同王朴、密云唐通，会同曹变蛟、白广恩、马科、吴三桂、王廷臣等八总兵，领兵13万，马四万，集于广宁以援锦州。

四月，清济尔哈朗率兵攻锦州，距城30里扎营，截断松山、杏山援军道路。

七月，洪承畴率军进至宁远，决定以兵护粮饷，从杏山进松山，从松山

129

进锦州，步步为营，以守为战。随即留粮饷于宁远、杏山及塔山堡外的笔架冈，而以兵力六万先进，其他各路相随于后。这时，皇太极已亲率清兵进至松山、杏山之间，横断大路，断绝粮道，并派军夺去明军塔山堡的粮饷。明军既失粮草，又不敢野战，于是商议突围，决定六位总兵更番断后，严阵而退。但大同总兵王朴先逃，其他各路遂不成阵列。吴三桂、唐通、白广恩相继奔逃，部属纷纷溃退杏山，一路遭清兵截击，死五万多人。洪承畴、邱民仰、曹变蛟等则退守松山城，被清兵四面围困。

清兵进入中原的必经地——山海关。图为山海关东门城楼。

松山被围后，崇祯命顺天巡抚杨绳武督师救援，又派兵部侍郎范志完驰援，但都敛兵不敢出战。副将焦埏赴援，刚出山海关即败。

九月，皇太极回盛京，留多铎攻松山城，洪承畴等乘机突围，不利。

十月，与清豪格部接战，又败，明军不能回城，多半降清。

崇祯十五年（1642）二月，松山被困已半年，城中粮食已尽，副将夏成德开城门纳清兵，总兵曹变蛟、王廷臣及巡抚邱民仰等被俘而死。洪承畴也被清兵俘获，押至盛京（沈阳）而降清。

三月，锦州总兵祖大寿见松下已破，战守均已无计可施，而且粮饷也尽，于是也向清兵投降。四月，清军相继破杏山、塔山，至此，明廷关外防线仅剩孤城宁远。

松锦之战是明清之间最大的一次战役，清军全力以赴，击败洪承畴十三万援军，夺取关外军事重镇锦州，降获明末两个著名将领洪承畴、祖大寿。从此，明朝再也无力组织有力的部队与清军抗衡了。

明十三陵竣工

　　明十三陵位于北京城北45公里的昌平县天寿山下。始建于永乐七年（1409），到清初始竣工。明末李自成起义军攻入北京，崇祯皇帝自缢于煤山（今景山）。清兵入关后，标榜为明"复君父仇"，因而以礼葬崇祯于十三陵，故十三陵到清初才竣工。十三陵是一个规则完整、布局主从分明的大型陵墓群。

　　十三陵即明代13个皇帝陵墓的总称。明代自成祖朱棣迁都北京后，至末帝朱由检止，共14帝，除景帝朱祁钰因故别葬金山外，其余皇帝的陵墓都在这里，其名称依次为：明成祖朱棣的长陵、仁宗的献陵、宣宗的景陵、英宗的裕陵、宪宗的茂陵、孝宗的泰陵、武宗的康陵、世宗的永陵、穆宗的昭陵、神宗的定陵、光宗的庆陵、熹宗的德陵、思宗的思陵等十三个皇帝的陵墓。

十三陵定陵之明楼

　　明成祖朱棣经"靖难之变"夺取皇位，并迁都后即派礼部尚书赵羾和著名的风水先生廖均卿等在北京附近寻吉地、宝地以置帝陵。永乐七年（1409），选中黄土山陵址，并将黄土山更名为天寿山，裁定为自己和子孙后代的共同陵址，下令圈地80里，开始建长陵，永乐十一年（1413）建成，1424年朱棣死后归葬于此，此后子孙相承，均营陵于长陵左

十三陵石牌坊

131

十三陵远眺

十三陵石像生文臣像

右、形成以长陵为主体的陵墓群组。明十三陵最终形成。

　　陵区面积约40平方公里，北、东、西三面山岳环抱，明十三陵依照南京朱元璋的孝陵为蓝本，以宫殿的形式修筑而成，按照安葬、祭祀和服务管理三种不同的功能要求，分成前中后三进院落，集宋朝的上下宫于一体，成为既供安葬又供祭祀使用的综合建筑群。南面开口处建正门——大红门，四周因山为墙，形成封闭的陵区。又在山口、水口处建关城和水门。在山谷中遍植松柏。大红门外建石牌坊，门内至长陵有长六公里余的神道作全陵主干道。神道前段设长陵碑亭，亭北夹道设十八对用整石雕成的巨大的石象生。神道后段分若干支线，通往其他各陵。长陵为十三陵主陵，其他十二陵在长陵两侧，随山势向东南、西南布置，各倚一小山峰。经过200余年经营，陵区逐渐形成以长陵为中心的环抱之势，突出了长陵的中心地位。长陵外其他各陵不另立神道，只有陵前建本陵碑亭殿宇、宝顶也都小于长陵。各陵的神宫监、祠祭署、神马房等附属建筑都分建在各陵附近。护陵的卫所设在昌平县城内。陵区在选址和总体上都是非常成功的。

　　十三陵的各陵形制相近，而以长陵为最大。长陵成于永乐期间，是陵区的主体，其布局也是其他明陵的典范。十三陵中16世纪建造的神宗万历帝的定陵墓室已发掘，由石砌筒壳构成，有前殿、中殿、后殿和左右配殿。

　　汉代、唐代各帝陵相距较远，不形成统一陵区。宋代、清代各陵虽集中于一个或两个地区，但为地域所限，多并列而主从不明。只有明十三陵，集

中于一封闭山谷盆地，沿山麓环形布置，拱卫主陵（长陵）。神道的选线和道上的设置又加强了主陵的中心地位。在中国现存古代陵墓群中，十三陵是整体性最强、最善于利用地形的。通过明十三陵的这些明显特点，我们可以了解到明代大建筑群的规划设计水平。

顾绣产生

明中叶以后，日常生活渐趋侈糜，宫廷衣物中，刺绣品相当流行。形成北绣系统的衣线绣、鲁绣、辑线绣等实用性刺绣。而以画绣为主的南绣系统则以"顾绣"最负盛名。

明朝嘉靖年间，进士顾名世的内眷缪氏长于刺绣，自绣人物和佛像，形象逼真。顾名世曾在上海筑"露香园"（位于今上海露香园路），故世称其家刺绣为"露香园顾绣"，或"顾氏露香园绣"，简称"露香园绣"，或"顾绣"。顾绣继承宋代刺绣的传统手法，并加以创新发展，形成了独特的风格，绣针细小如毫，将绣线细劈成丝，每次只用一、二丝，精工刺绣，针脚细密，不露边缝，

顾绣：韩希孟刺绣花鸟册（四幅）

除传统针法外，还创造出散针、套针、滚针、钢针等针法，配四色淡雅协调，晕色自然，以绘补绣，绣绘结合绣品生气迴动，五色烂发，并具有绘画的水墨韵味。

顾名世的次孙顾寿潜师从董其昌学画，其妻韩希孟工于花卉，精于刺绣，韩希孟刺绣，常"覃精运巧，寝寐经营"，注重调查、收集、整理、临摹宋元名人的书画，以作为刺绣的粉本，同时也表现现实景物，她能用各种针法刺绣，针法灵活、丝理平顺、富有质感。曾于崇祯七年（1634）春搜访宋元名迹，

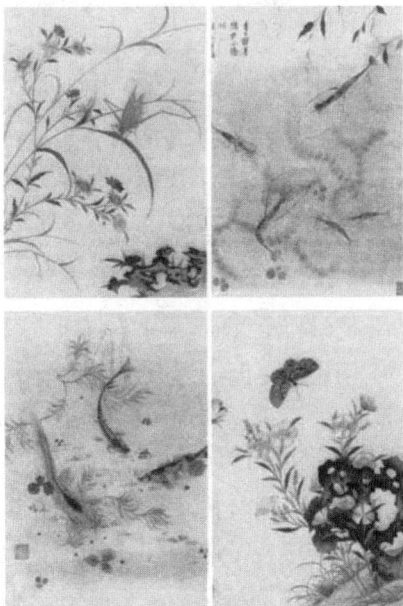

133

摹绣《洗马图》、《百鹿图》、《女后图》、《鹑鸟图》、《葡萄松鼠图》、《扁豆蜻蜓图》、《花溪渔隐图仿黄鹤山樵笔》等 8 种古画，汇作方册，名《宋元名迹方册》（现存北京故宫博物院）。董其昌极为欣赏，遂逐幅题词。顾氏家族中如顾名世的曾孙女张来妻、顾会海妾兰玉等，都以刺绣著名。兰玉的刺绣人物尤为气韵生动。兰玉又曾设幔授徒，扩大了顾绣的影响。

顾绣的特点是绣稿多选古人名迹，如《宋元名迹方册》中的《洗马图》便有赵子昂风格，《女后图》为宋画格调。在绣法上，凡针丝不及之处，皆以彩笔接色。劈丝细过发丝，落针用线无针痕线迹，配色深线浓淡精妙得宜，自然浑成。

因顾绣多仿绣名人字画，故又称"画绣"或"绣画"，深受文人士大夫的喜爱，生动地体现了文人艺术对工艺美术的影响。

《火攻挈要》编成

明崇祯十六年（1643）《火攻挈要》编成。

明崇祯年间，为适应同后金作战的需要，明廷在北京设立铸炮所，聘请天主教耶稣会传教士汤若望（1591～1666，德国人）监制西式大炮，并要他将技术传授给工部"兵仗局"。于是汤若望授，焦勖纂，赵仲订，集中明代火器的技术成果，并吸收了西方造炮技术的先进成果，撰成《火攻挈要》一书。

《火攻挈要》原为上、下两卷，另附《火攻秘要》一卷。清道光年间潘仕成将其改成上、中、下三卷，共 4 万余字，图 27 幅。该书上卷详细介绍火铳的制造工艺及种类，并对佛郎机、鸟枪、火箭、喷火筒等火器的制造作了简要的

火龙出水——明代制成的二级火箭（见《武备志》）

说明。中卷分别介绍各种火药的制造、贮藏、性能、配方及火铳的试放、安装、教练、搬运等内容。下卷具体介绍火器制造中一些应注意的问题和各种情况

下火器的使用。此外，《火攻挈要》还涉及不少西方关于冶铸、机械、化学、力学、数学等方面的知识。

《火攻挈要》一书总结了明末使用火器的经验，大量翻译和记载了欧洲当时先进的军事技术，对西式火器在中国的进一步传播产生了重大影响，作者在书中又对西方新式火器，提出了自己许多精辟的使用火器的独到见解，使此书成为明末火器技术的重要著作。

顾炎武编《天下郡国利病书》

崇祯十二年（1639），顾炎武开始编撰明朝地方志书辑录《天下郡国利病书》。

顾炎武（1613 ~ 1682），字宁人，初名绛，曾自署蒋山佣，学者称亭林先生，明末清初江苏昆山人。早年曾参与复社反宦官权贵斗争。顺治二年（1645）清兵南下，参加苏州、昆山保卫战。后往山东、河北、山西、河南等地实地调查。其学识广博，于天文、历算、舆地、音韵、金石、考古等均有深湛研究，是清代朴学之开山祖。一生著述甚丰，《天下郡国利病书》、《日知录》为其代表作。

《天下郡国利病书》是作者根据"经世致用"观点，按明朝行政区分类汇集资料，并从明朝地方志中辑录有关各地民生利害、

明清之际李世熊编撰的《钱神志》书影。此书为后人了解"钱"的历史提供了重要资料。

政治经济利弊、军事得失等部分编撰而成，其目的在于鉴往知来。该书从其收搜资料至粗略成书，费时 20 余年，后仍不断修改。

该书首为舆地山川总论，次以明代两直隶、十三布政使司分区，因而历来被视为地理著作。其实，该书对各地建置、赋役、屯田、水利、军事、边防、关隘等都有较详细的论述，并涉及少数民族、农民起义等情况，是一部社会政治、经济、地理著作。但其重点在郡国利病上面，如赋役即为该书的重要

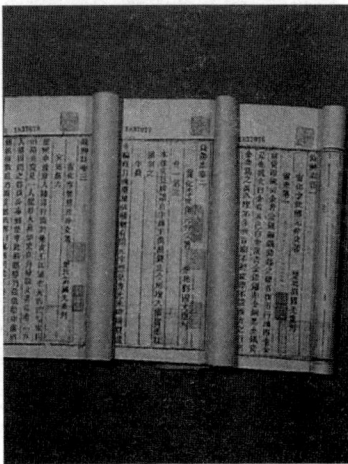

135

内容。该书编撰之时正值明亡之际，士大夫痛定思痛，因而内容取舍有一定的针对性。是一部很有价值的社会政治经济资料。

　　该书有《四部丛刊》三编的顾氏原稿影印本和道光三年（1823）四川龙万育刊本。

吴又可论戾气

　　明崇祯十五年（1642），吴又可著成论述戾气的专门著作《瘟疫论》。

　　吴又可（约1580～1660），名有性，姑苏洞庭（今江苏吴县）人。明代末年，瘟疫频频流行，疫民无数，无数老百姓死于瘟疫，而一般医生则仍以伤寒旧法施治，多不见效。他目睹此情，认为不应该用旧方法治疗目前的病症。于是，在总结前人经验和自己实践的基础上，著成《瘟疫论》2卷，从而创立了新的传染病学说——"戾气"学说。

　　在《瘟疫论·伤寒例正误》中，他明确地认识到瘟疫是人体受到某种他称之为杂气、异气、疠气或疫气的物质侵袭所致。这就突破了前人关于时气、伏气、瘴气以及百病皆生于六气的传染病病因论点。而戾气的传染途径是通过口鼻侵入人体内，此说具有首创意义，他指出人体感染戾气的方式无非两种：一是通过自然界空气传染；二是通过患者接触传播。不过，只要是同一种戾气，不论传染方式如何，所引起的传染病则是一样的。

　　吴又可还认识到人类和动物的传染病具有不同的特质，是由不同的戾气

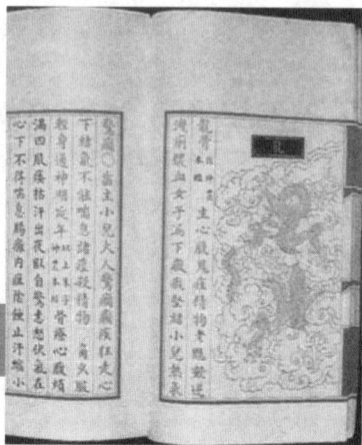

明代刘文泰等奉敕编纂的《本草品汇精要》书影。书中所录《神农本草经》原文用硃笔书写，反映了后人对此书的尊崇。

明代灭蚊铜灯

引起的。戾气的种类不同，所引起的疾病也不同，侵犯的脏器部位也不一样。这些见解，与现代传染病学的认识毫无二致。

关于戾气致病的相关因素和流行的特点，吴又可在《瘟疫论·病原》中也展开了论述。他指出人体感受戾气之后是否致病，则决定于戾气的量、毒力与人体的抵

明万历黑漆描金云龙药柜

抗力。如果戾气量大、毒力强、人体抵抗力低，就容易发病。相反则不易致病。戾气引起的传染病，可表现为大范围流行和小区域散在发病，并且有地区性和时间性的致病特点。

吴又可肯定传染病的致病机制是物质性的，可以通过物质的手段来治疗。在他看来，气只是物质的一种转化形式，是我们肉眼看不见的一种物质。他的传染病学说已经把"戾气"作为病原体而描述得非常具体，只是由于观察病原体的工具——显微镜尚未发明，因而仅差一步而未能真正揭示病原体的真相，但他在病原体形容和认识理论上已经达了相当高的水平。

此外，他把痘疹、疔疮等外科化脓性感染的病因归之"戾气"，使之与近现代细菌等病原体的认识更趋接近。如说：疔疮、发背（前部化脓性感染）、痈疽、流注（深部化脓性感染）、流火、丹毒与天花、水痘、麻疹之类，以前医家认为是心火所致，其实"非火"，而是"杂气所为"。

在人类发现细菌和其他微生物的前200年，吴又可在传染病原、传染途径、特异性等方面，提出了许多富有创新意义的卓越见解，这确实是难能可贵的。他的这些认识理论可以说是中国传染病学史上的一个里程碑。

祁彪佳评曲

祁彪佳（1602～1645）是明代著名的戏曲理论家，著有《远山堂曲品》、《远山堂剧品》等戏曲理论著作。祁彪佳字虎子（幼文或宏吉），号世培，

浙江山阴人，明朝进士，清入杭州时，他自沉于万山花园水池。

《曲品》和《剧品》是著录传奇、杂剧作品名目兼及品评的著作，将所著录的传奇、杂剧分成妙品、雅品、逸品、艳品、纯品、具品六个级次。《曲品》收录了 467 种传奇剧目，除六品外，另附"杂调"一类，收弋阳诸腔作品 46 种。还收录了 10 多种反映明天启、崇祯重要政治斗争以及一些以民间故事、传说为题材的剧目。《剧品》是明代著录明人杂剧的唯一专著，收杂剧剧目 242 种。这两部书共收戏曲剧目 709 种，以搜录广博著称。其中保留了不少现已散失的戏曲作品的内容梗概，增加了许多重要戏曲作家的作品并且改订了以前曲目的错误，是研究戏曲的重要资料。

祁彪佳的戏曲批评，除了关于妙、雅、逸、艳、能、具 6 个品级的论述外，他较重视作品意境的真实性，提出"词以淡为真，境以幻为实"的观点。对于戏曲作品的结构和舞台效果，他也提出了一些很有见地的看法，如他批评李开先的《宝剑记》不识练局之法。祁彪佳重视戏曲作品的思想内容，他认为戏曲作品应在外御强敌、内除奸倭两方面起到积极作用，要敢于反映一些尖锐的社会问题。为此，他多方搜录反映明代政治斗争的剧目，对那些表现古代节臣义士的作品也颇多颂词。

祁彪佳的《曲品》与《剧品》收录了明清同类著述中未有的曲目 295 种，对每一剧目都作了简短的批评，这两书成为研究明代戏曲及戏曲理论的宝贵材料，其价值是重大的。

明末思想家主张公天下

明末清初，是我国历史上一个剧烈动荡的时期。当时，阶级矛盾和民族矛盾十分尖锐，封建社会的危机日益加深，资本主义萌芽在某些地区已经出现，自然科学也有一定的发展。在此形势下，思想战线上出现了许多具有唯物主义和民主色彩的先进人物，黄宗羲、顾炎武、王夫之就是其中最突出的代表，他们有一个共同的特点，就是都主张公天下。

黄宗羲（1610～1695），浙江余姚人，中年时参加过抗清斗争，失败后，怀着强烈的民族气节，始终不仕清朝，而致力于著述。黄宗羲激烈反对君主

专制。他认为历来的皇帝都是自私的，是天下的公害。他批判"君为臣纲"的封建教条，认为臣子做官应该是为天下，并不是为皇帝；应该为万民，而不应该为某一家一姓。皇帝如果违背人民的权益，胡作非为，做臣子的就不应该盲从。他提出新的治乱观，认为老百姓能获得幸福就是"治"，遭到不幸就是"乱"。至于一家一姓皇室的兴亡是无关大局的。他主张限制王权，极力反对"天下之是非一出于朝廷"的专制政治，提出用学校监督王权。他还揭露封建社会的法律是"一家之法"，而非天下之法，这些法没有为民众谋利益的内容，仅仅是保护自己的工具。他强调法治，认为应该按照"公天下"的原则来立法。

顾炎武（1613～1682），江苏昆山人。曾起兵抗清，失败后，曾图谋再举，至死不仕清朝。顾炎武也激烈反对君主专制，主张限制君权，扩大地方权力。他反对把皇家的利益和民众的利益等同起来，他用"国"和"天下"两个概念来区别一家一姓的王朝和属于人民的天下。认为皇帝一家一姓的灭亡叫做亡国，而政治腐败，人民受苦，叫做亡天下。他认为保"国"是皇帝贵族和大臣们的事，"保天下"则是广大人民群众的事。他还提出君民平等的思想，认为皇帝是为民而设的，皇帝和各级官是在政治上是平等的，不能凌驾于他人之上。皇帝作为群众的代表，料理国家事务，没有时间种地，应该给予俸禄月钱，称之"禄以代耕"。皇帝绝对不能自视特殊，更不应该"厚取于民以自奉"。

王夫之（1619～1692），湖南衡阳人。他也曾参加抗清斗争，失败后，隐匿于湘西山区，最后隐居于衡阳的石船山，著书立说。王夫之主张"公天下"，反对"家天下"。他也反对把皇家一家一姓的私利同人民的利益划等号，认为一姓的兴亡是私事，别人用不着去关心；而广大人民群众的生死问题才是人人应该关心的公事。从"公天下"的观点出发，他认为历史上的典章制度只要是对人民有利的，虽对皇家不利，也是好制度。反之，如对皇家有利，对人民不利，就不是好制度。他反对封建卫道士关于王建正统的说法，认为天下并非一家的私有物，无所谓正统与非正统。判断一个政权的顺逆是非，不是看它姓张姓王，而是看它的政绩。

除以上三人外，较突出的代表还有唐甄。唐甄（1630～1704），四川省达州(今达县)人。他对君主专制制度进行大胆的揭露和批判。认为皇帝也是人，没有什么神秘，并指出皇帝是一切罪恶的根源，"自秦以来"的皇帝都是贼，他们为了夺取皇位常常无故杀人，残害百姓。唐甄提出"抑尊"，即限制君权的主张，要求提高大臣的地位，使他们具有同皇帝及其他权贵斗争的权力，使皇帝有所顾忌。唐甄还发展了产生于先秦的民本思想，强调民是国家的根本，离开民便没有国家的政治。他指出，国防靠民来巩固，府库靠民来充实，朝廷靠民来尊崇，官员靠民来养活。君主只有爱护人民才能长治久安。如果无道于民，纵然如铜墙铁壁，也会被人民推翻。

波臣派出现

明代人物画科时有高手出现，戴进、吴伟、唐寅、仇英等人或继承唐宋工笔重彩、或学习李公麟的白描画风，师承古风又参予个人的发挥，作品相当可观。明末陈洪绶、崔子忠、丁云鹏、吴影等人的出现，更使局面大为改观，他们上追晋唐古拙之风。一改陈陈相因，日超媚俗的"美人图像"，适应了发展着的时代审美需求，作品具有一定的历史转折意义，影响到清初乃至 20 世纪初的几代人物画家，而以曾鲸的名字命名的"波臣派"，则代表着中国传统的肖像画已经进入了一个高度成熟时期。

曾鲸（1568～1650）字波臣，福建莆田人，善绘肖像，长期流寓南京，因为当时传教士利玛窦也在南京，携带着西洋画《圣母子》及一些版画。曾鲸可能受过他的一些影响，但没有确切的证据，《国朝画征录》有一段关于曾鲸画的评判：中国"写真有二派，一重墨骨，墨骨既成然后敷彩，以取气色之老少，其神早缚于墨骨中矣，此闽中曾波臣派之学

曾鲸《顾梦游像图卷》

曾鲸《葛一龙像图卷》

也；一略用淡墨勾出五官部分之大意，全用粉彩渲染。此江南画家之传派，
而曾氏善矣"。从曾鲸现存世的《王时敏像》（天津艺术博物馆藏）、《葛
一龙像》（故宫博物馆藏）、《顾与治像》（南京博物馆藏）来看，曾鲸重
墨骨，设淡彩，每图一像，以墨烘染数十层，这种在传统基础上的创造，当
为成熟的中国肖像画技法，论者谓其"写照如灯取影，妙得神情"（《无声
诗史》卷四），深得世人好评，一时从学者众，其中较著名者，有谢彬、沈韶、
徐易等，形成了闻名遐尔的"波臣派"。以曾鲸为代表的肖像画派的兴盛也
反映出明末清初社会对于肖像艺术需求的增长。

王夫之将元气说发展到顶峰

明末清初，王夫之将唯物主义气一元论发展到高峰状态。

王夫之（1619 ~ 1692），湖南衡阳人，明末清初启蒙学者，唯物主义哲学家，
字而农，号姜斋，中年时别号卖姜翁、壶子、一壶道人等，晚年隐居湘西蒸
左的石船山，自署船山老农，船山遗老、船山病叟等，学者称之为船山先生。

元气，是中国古代唯物主义的哲学范畴，指构成万物的原始物质。元气
说始于汉代，王充把元气看作是构成万物的物质本原，他说："天地合气，
万物自生。"北宋张载肯定一切存在都是气，整个世界都是由气构成。世界
统一于气，气只有聚散而无生灭。他把"虚"和"气"统一起来，认为"太

141

虚即气"、"虚空即气"、太虚、气、万物，只是同一实体的不同形态。

到了明末，气的观念又有了新的发展。王夫之将元气论发展到了思辨的高峰。他发展了张载"知太虚即气则无'无'"的思想，对"气"范畴给以新的哲学规定。他认为，整个宇宙除了"气"，更无他物，宇宙天地和世界万物都是由"气"构成的。"气"希微无形，人眼觉察不到，但又充满宇宙太空。元气处在不停的运动状态之中，它的聚集生成万物，而万物的离散又成为元气，他还指出，"气"只有聚散往来，而没有增减、生灭，所谓的有无、虚实等，都只是"气"的聚散、往来及屈伸的运动形态。

在阐述了元气论后，王夫之又以之为思想根源，提出了诸多哲学观点。

在辩证法方面，他首先认为世界是物质的，物质是永恒运动着的。他论述了运动和静止的关系，肯定了运动的绝对性和静止的相对性，他认为，作为物质世界的阴阳二气之运动变化过程，其本身即蕴含着动、静两态，动是动态的动，静是静态的动，反对"废然之静"，指出"静者静动，非不动也"。以此，王夫之驳斥了一切主静论者的错误观点，以及佛、道哲学中割裂动静相联的种种诡辩。另外，他还指出物质是不生不灭的，物质运动只有形态之间的相互转化，而无数量上的增减乃至生灭。

在理气关系上，王夫之认为理是气的理，理外没有虚托孤立的理，从而批判了从朱敦颐到朱熹所坚持的气外求理的唯心主义理论。

在道器关系上，王夫之认为"道"是标志事物的共同本质及规律，"器"是标志具体事物的。它们是同一事物的两个不可分割的方面，以此驳斥了"道本器末"的唯心主义观点。

除上述几方面外，王夫之还在认识论、伦理学、美学、历史学等多个方面都有深厚的学术观点及理论贡献，是明清之际中国哲学的精华。

由于王夫之生前僻居荒野，其全部著作在生前均未刊印。直至后来特别是鸦片战争后才得以重现刻印，汇编为《船山遗书》，包括有《周易外传》、《周易内传》、《尚书引义》、《张子正蒙注》、《读四书大全说》、《诗广传》、《思问录》、《老子衍》、《庄子通》、《相宗络索》、《黄书》、《噩梦》、《续春秋左氏传博议》、《春秋世论》、《读通鉴论》、《宋论》等等。

王铎书法奇险

　　明末清初书法家王铎，其书法在结构方面，以奇险取胜，节奏对比强烈。

　　王铎（1592-1652），字觉斯、觉之，号嵩樵，今河南孟津县人。明天启年间进士，官至翰林院编修、少詹事，并担任经筵讲官。清兵入关后，任南京福王朝廷东阁大学士。明亡入清，官至礼部尚书。

　　王铎从早年开始，便不断从王羲之、王献之的作品中汲取营养，后来受到米芾的影响，使之成为创造个人风格的有力支点。他极重视向优秀传统学习，创作趋向成熟后，仍是一日临摹，一日创作。其行、草书有很高的成就，用笔沉着富

王铎《自作五律》（部分）

有变化，既发扬了明代草书气势奔放、直抒性灵的特点，又矫正了线条粗率的弊病。

　　王铎对笔画结构十分敏感，创造出不少新的构成方式。例如运用挪位而形成单字特殊的联结等，产生了极为丰富的节奏变化，从而把书法的笔画结构提高到奇险的新境界。传世书法用品刻有《拟山园帖》、《琅华馆帖》等。王铎还兼画山水。

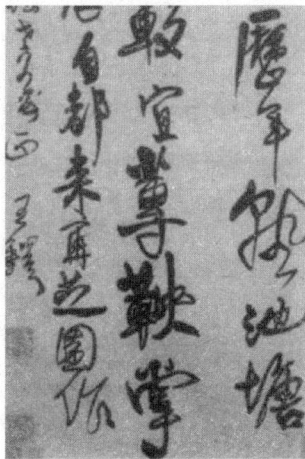

黄道周笔法刚健

　　中国明代书法家黄道周，其书法以笔锋刚健著称。黄道周（1585 ~ 1646），字幼平，号石斋，今福建漳浦县人。天启二年（1622）进士。福王时官至礼

部尚书，唐王时为武英殿大学士。清兵南下时，率兵抗清，至婺源，兵败不屈而死。黄道周为人严冷方刚，不谐流俗。他学问渊博，精天文历数诸术，工书善画，并以文章风节高天下。

黄道周楷、行、草书皆擅长。他的楷书师法钟繇，用笔方劲刚健，有一股不可侵犯之势。他还主张遒媚加之浑深，所以其楷书虽刚健如斩钉截铁，而丰腴处仍露其清秀遒媚。黄道周楷书流传多为小楷。代表作品有《孝经》、《石斋逸经》等。他的行、草书远承钟繇，并参以索靖草法。他虽追求王羲之、王献之等晋人书法，却一反元、明以来柔弱秀丽的弊病，而以刚健笔锋和方整的体势来表达晋人的丰韵。其草书波磔多，含蓄少，方笔多，圆笔少，具有雄肆奔放的美感，行草书代表作品有《山中杂咏卷》、《洗心诗卷》等。

此外，他还著有《易象正》、《三易洞玑》、《太涵经》、《续离骚》、《石斋集》等。

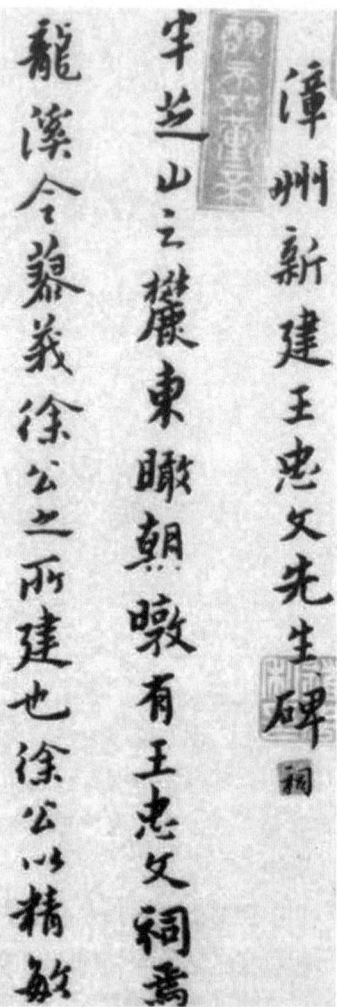

陈洪绶善画人物

明代画家陈洪绶（1599～1652），字章侯，号老莲，诸暨（今浙江诸暨县）人。曾于崇祯十五年（1632）至北京捐资为国子监生员，召为内廷供奉。顺治三年（1646）于绍兴入云门寺为僧，自号悔迟、老迟。

陈洪绶能诗，工书法，尤善绘画。其画早年师法蓝瑛，并取法李公麟等，后自成一家。题材广泛，人物、山水、花鸟、竹石、草虫等造诣均深，尤以人物画著称于世。

黄道周《五忠文祠碑文》（部分）

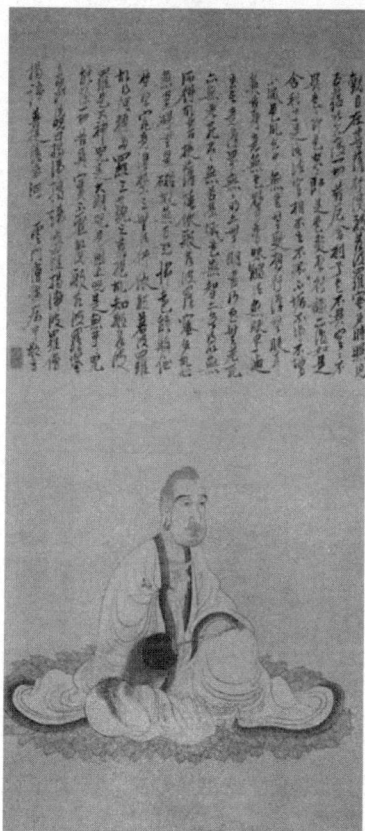

陈洪绶《观音像图轴》

陈洪绶《蕉林酌酒图轴》

　　陈洪绶以简洁、洗练的线条和色彩，沉着、含蓄的表现手法，创造了一种与众不同的高古奇特的艺术风格，体现了画家孤傲倔强的个性。

　　清张庚在《国朝画征录》中指出，老莲的人物画"躯干伟岸，衣纹清圆细劲，兼有公麟、子昂之妙，设色学吴生法，其力量气局，超拔磊落，在仇（英）、唐（寅）之上，盖三百年无此笔墨也"。其晚年人物画常以夸张的造型、变态怪异的形象，突出表现人物的性格特征。

　　老莲的人物画享誉很高，与明末画坛上另一位人物画家崔子忠有"南陈北崔"之称。他的影响在当时已是"海内传模者数千家"，甚至远播朝鲜和日本。

　　陈洪绶曾为徽州刻工创作过不少版画稿，如《九歌图》、《水浒叶子》和《西厢记》插图等。青年时所绘《九歌图》中的《屈子行吟》，将古代爱

国诗人屈原被放逐后形容憔悴、忧国忧民的形象塑造得很成功。《水浒叶子》这一中年时期的作品，则惟妙惟肖地描绘了 40 个不同面貌、身份、精神气质的人物。《西厢记》的插图，则不仅具有鲜明的情节，且形象突出，章法奇妙，是古代插图画中的杰作。版画需要线条更加简洁遒劲，形象也更明朗些，使整个画面富于装饰情趣。这些特点，也被陈洪绶运用到了人物画创作之中，如《女仙图》等。

陈洪绶还在卷轴画中塑造了不少放浪形骸的文人形象。如《升庵簪花图》描绘了明代著名文人杨慎被贬谪云南后的生活情态：醉后以胡粉傅面，作双丫髻插花，请伎捧觞游行过市的怪诞生活行径和玩世不恭的精神面貌，以此表达了画家对杨慎不幸遭遇的深切同情。

孙云球制造光学仪器

明末清初，孙云球制造光学仪器 70 余种，"巧妙不可思议"，成为当时著名的光学仪器制造专家。

孙云球（17 世纪 30 ~ 60 年代），字文玉，又字泗滨，吴江（今江苏吴江县）人，自小喜欢钻研，玩弄器械之类，曾设计创制"自然晷"来测定时刻。明末清初，随着传教士大批来华和贸易的发展，许多物品由国外传入中国，其中眼镜当时也由国外传入，尤以远视远镜为主，这种远视眼镜质料为玻璃，对于中国来说，是一种稀有的贵重物品，孙云球根据这种远视玻璃眼镜，用手工磨制水晶石代替玻璃，制成远视和近视眼镜，并采用"随目对镜"验光制镜，使患者配到合适的眼镜，苏州以此为开端成为我国制造眼镜的重要地方之一。孙云球在磨凸、凹透镜的基础上加以改进，制造出我国第一台望远镜，并创出存目镜、多面镜、幻容镜、放光镜、夜明镜等 70 余种光学仪器，并进一步总结了制造各种光学仪器的经验，写成《镜史》一卷，在各地推广，使当时许多市场"依法制造，各处行之"，大大促进了光学仪器事业的发展及科技水平的提高。

安迪尔河下游沙漠深处的提莫木古城，曾是丝绸之路上的一个重镇。图为该城残存的城墙和佛塔遗迹。

丝绸之路通往美洲

　　1571 年，西班牙人开始营建马尼拉城，西班牙人从中国商人那里获得大批生丝和绸缎、瓷器、安息香、麝香、肉食、水果、金属制品和各种货物，于是西班牙人在马尼拉就地打造的大帆船满载这些中国货驶向墨西哥西岸的阿卡普尔科。漳州月港—马尼拉—阿卡普尔科的贸易航线从此诞生。

　　这条万里之遥的创记录的航线，被称为马尼拉帆船（Manila Galleon）贸易线，它每年装载的货物中，数量最多、价值最高、货色最吸引人的是生丝和丝织品。马尼拉帆船从 1571 年开始，到 1815 年终止，除了少数年份装货有变，绝大部分年代中都以装载丝货为主，因此被阿卡普尔科所属的新西班牙人称为中国船。精致的罗纱、广东绉纱、号称"春天"的广东绣花绸、天鹅绒、

147

线缎、优质花缎、丝毛混纺物、嵌有金银花的浮花锦缎、丝单被、手帕、台布、揩嘴布、袜子、斗篷、裙子，以及天鹅绒女上衣、长袍、晨服，供教堂育婴堂用的法衣，名目繁多，品质粗细都有。马尼拉帆船贸易吸引了成千上万的中国人到马尼拉经商、定居，就地制作各种销往太平洋彼岸的商货。

马尼拉帆船贸易也使终点港阿卡普尔科从一个仅有250户人家的荒僻小镇，扩展到三四千人的城镇。西班牙在美洲的两大总督辖区，新西班牙和秘鲁总督区，都将视线集中到了每年定期开到阿卡普尔科的大帆船身上。秘鲁总督区由于被禁止派船参予马尼拉帆船贸易，也定期到阿卡普尔科收购中国货。17世纪上半叶，每艘马尼拉帆船运到美洲的丝货总在三四百箱左右，在1636年有的船甚至装载了1000箱、1200箱丝绸。这些丝绸运到了墨西哥城，也成为秘鲁首府利马大商店里的压台货。有些中国货更通过墨西哥东岸的维拉克鲁斯远销西班牙的塞维尔，将漳州发运的货物通过墨西哥运到了卡斯提尔。

张献忠称王建号

崇祯十六年（1643）五月，张献忠称大西王，建五府六郡，开科取士。崇祯十二年（1639）五月，张献忠在谷城重举义旗后，由楚入川，采取"以走致敌"的战术，击破明兵部尚书杨嗣昌的围追堵截，在川楚一带重新活跃起来。崇祯十四年（1641）二月，张献忠攻克襄阳城，俘斩襄王朱翊铭，发银救饥。随后克光州、攻应城、破随州，声势大振，杨嗣昌走投无路，自杀身死。崇祯十六年（1643）正月，献忠军攻下蕲州，三月攻克黄州，占据麻城。城中奴仆奋起杀主，纷纷加

"西王赏功"钱

入起义军，编为"新营"。五月初，张献忠攻陷汉阳，武昌大震。当时武昌城中空虚，义军乘势于月底攻下武昌及附近属邑，缚楚王朱华奎，将他用笼

帝国落幕中的文明

子装着投入了长江，又尽杀楚王宗室，没收其金银百余万两。于是张献忠宣告在武昌立国，自称大西王，设五府六部，铸"西王之宝"印，改武昌为天授府，江夏为上江县，占据楚王宫，并依明制设尚书、都督、巡抚等官。同时下令开科取士，以充实州县官吏。并下令发楚邸金，赈济饥民。蕲、黄等二十一州一时都归附张献忠。

大西农民革命政权初步建立后，农民军乘胜前进，于同年攻下长沙，占领江西、湖南大部分地区，下令"钱粮三年免征"，

"西王之宝"玉玺

并把杨嗣昌占领的土地查还百姓。崇祯十七年（1644），张献忠率大军十万入川，水陆俱进，势如破竹，连克涪州、重庆、沪州等城，并于七八月间攻下成都，占据了这个全川重镇，随即分兵四出，于短短几个月内占领了四川大部分地区。当年十一月六日，张献忠在成都称帝，国号大西，改元大顺，正式建立起农民革命政权。

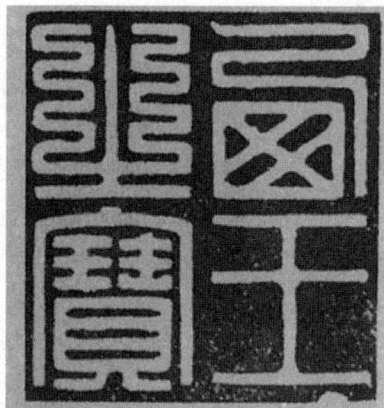

李自成称王·大破明军

崇祯十六年（1643）正月，李自成被拥戴为"新顺王"，改襄阳为襄京，设制官职。

在崇祯十一年（1638）的潼关大战中，李自成的农民起义军遭受重创，陷入低潮。经过一年多在商洛山中的卧薪尝胆，李自成重整旗鼓，于崇祯十三年冬进入河南。次年一月，李自成指挥大军攻克中原重镇洛阳，俘杀福王朱常洵。洛阳战役的胜利，标志着农民军在战略上从防御转为进攻。随后，从崇祯十四年（1641）二月至十五年十一日，

李自成铸造的铜印

北京故宫武英殿。李自成率起义军攻克北京后，曾在这里处理日常政务。

李自成指挥大军驰骋中原，围开封，战新蔡，克南阳，破襄城，下郏县，攻汝乡，农民军连战连捷，越战越强，与明军的力量对比发生了变化，明朝的腐朽统治从根本上遭致动摇。

　　崇祯十六年（1643）正月，李自成攻陷承天（今湖北钟祥）后，臣僚劝告李自成即皇帝位，李自成被拥戴为"新顺王"，号"奉天倡义大元帅"，改襄阳为襄京，初步建立起农民革命政权。在中央由上相、左辅、右弼组成内阁，下辖吏、户、礼、刑、兵、工六政府。地方则设府、州、县三级行政长官，各地重镇设防御使、观察使、统制使、提督等官。军队建制也同时逐步健全，主力部队分编为前、后、左、右、中五营，其中以中营为核心，又称"标营"。各营由制将军率领，制将军为主帅，果毅将军、威武将军为次帅。

　　五月，李自成召开重要军政会议，确定先取关中，以陕西为基地，扩充

力量，然后攻取山西、河北，进军北京的战略计划。九月，与明军大战于汝州，歼敌四万。十月破潼关，击毙新任兵部尚书孙传庭，随即占领西安。不久，陕、甘、青广大地区都归农民军所有。

崇祯十七年（1644）春节，李自成正式宣布建国。改西安为西京，国号"大顺"，建元"永昌"。李自成在西安进一步调整和完善了农民政权的中央机构，大力推行各项革命措施。中央机构以天佑殿为最高行政机关，六政府各任尚书一人，又建立弘文馆、文瑜院、直指使、谏议从政、统会、尚契司、验马司、知政使、书写房等政府机构。同时继续推行"均田免赋"、"割富济贫"等政策，安置流民，稳定物价，废除八股，颁布新历等等。又敕令各营，加紧练兵，积极备战。

经过采取一系列军政措施以后，农民革命政权根基渐稳，各营部队兵精粮足。于是起义军在李自成亲自率领下，浩浩荡荡开始东征，向明王朝都城北京攻去。

皇太极去世

崇祯十六年、清崇德八年（1643）八月初九日，爱新觉罗皇太极病逝，子福临即位，多尔衮、济尔哈朗辅政，次年改元顺治。

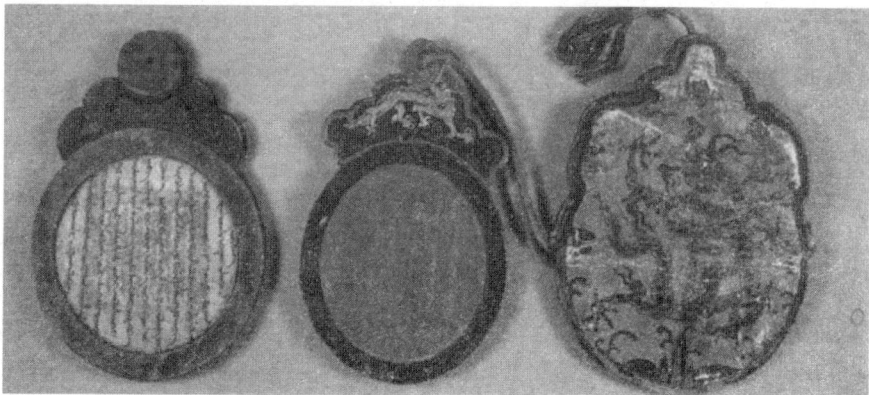

皇太极时调兵用的满文信牌。持牌者可使用驿站。

　　皇太极（1592～1643）是努尔哈赤第八子。后金天命十一年（1626）九月继位称汗，改明年为天聪元年。后金天聪九年（1635）四月称帝，建国号为清，改元崇德。

　　皇太极继位称汗之后，首先按照努尔哈赤的遗愿，继续征服林丹汗等未降附的部族。至后金天聪八年（1635），不仅南蒙古纳入清版图，而且朝鲜纳贡、察哈尔部也归附于清。接着建国改制，诸如贝勒议政、改定文字、设立蒙汉八旗、招纳汉文士、依仿明制、改定官制、行科举、修会典以及发展生产采取八旗分地、计丁授田、编庄分丁等措施，都在一定程度上促进了经济发展，使清封建化程度大大加深。同时对明朝采取和战并举的方针，不断扩充军事势力，为灭明作了大量准备工作。

　　皇太极为创建大清帝国打下了基础。